Anja Donnerme

W0384884

Backen ohne Mehl

KAFFEEKLATSCH GLUTENFREI

Ulmer

Das wird hier gebacken

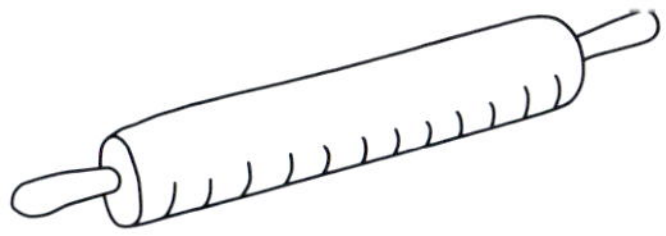

GLUTENFREI BACKEN

WORAUF MUSS ICH ACHTEN?

Alle Rezepte dieses Backbuchs können glutenfrei hergestellt werden, weshalb sich die Leckereien auch hervorragend bei einer glutenfreien Diät im Rahmen einer Zöliakie oder bei einer Weizenunverträglichkeit eignen. Glutenfrei backen ist gar nicht schwer, wenn einige Regeln bei der Zutatenauswahl und der Küchenhygiene beachtet werden. Da allerdings schon kleinste Mengen an Gluten bei einer Zöliakie Reaktionen hervorrufen, sind diese enorm wichtig:

- Jede einzelne Zutat muss glutenfrei sein.
- Die Zutaten sollten im Schrank nicht neben oder unter dem staubenden glutenhaltigen Mehl aufbewahrt werden, um eine versehentliche Kontamination zu vermeiden.
- Am besten ist es, wenn für glutenfreie Backwaren eigene Backformen vorhanden sind. Falls dies nicht der Fall ist, dann sollten die Backformen nach einer gründlichen Reinigung (mit Spül- und Geschirrtüchern, an denen kein Gluten hängengeblieben ist) vollständig mit Backpapier ausgelegt werden. Sehr gut geeignet sind dafür Backbleche und Königskuchenbackformen.
- Die Arbeitsfläche, der Backofen und die Arbeitsgeräte (z. B. der Mixer) sollten vor der Benutzung mit einem feuchten Tuch gereinigt werden.
- Die Zubereitung von glutenhaltigen und glutenfreien Backwaren strikt trennen: lieber nacheinander zubereiten als gleichzeitig, zu schnell kann eine unbeabsichtigte Verunreinigung geschehen.
- Keine Küchengeräte aus Holz verwenden (z. B. Teigrollen, Holzbrettchen oder Kochlöffel), wenn diese auch für glutenhaltige Lebensmittel benutzt werden. In den Ritzen kann sich leicht glutenhaltiges Getreide festsetzen.
- Sind glutenfreie und glutenhaltige Kuchen an der Kuchentafel zu finden: nicht dasselbe Messer zum Anschneiden benutzen (es sei denn es wurde vor der Verwendung bei glutenfreiem Kuchen gründlich gereinigt).
- Beachtet werden muss auch, dass glutenhaltiger Kuchen nicht über glutenfreiem Kuchen transportiert werden sollte – Achtung Krümel!
- Der Tortenheber darf nicht versehentlich mit Gluten verunreinigt werden – daher besonders aufpassen, wenn glutenfreier Kuchen auf einen Teller gelegt wird, auf dem zuvor schon glutenhaltiger Kuchen lag. Schnell kann sonst Gluten an den Tortenheber gelangen und damit auch an die übrigen glutenfreien Kuchenstücke.

Glutenfrei einkaufen

Der Einkauf glutenfreier Lebensmittel ist nicht immer leicht. Denn grundsätzlich kann in jedem verarbeiteten Lebensmittel Gluten sein. Sogar die Lebensmittel, die vermeintlich keine glutenhaltigen Zutaten enthalten, können durch Querkontamination (z. B. in Betrieben, die auch glutenhaltige Produkte herstellen) dennoch mit Gluten verunreinigt sein.

Ein sicherer Umgang bei der Auswahl der Zutaten ist daher sehr wichtig. Alle Produkte, auf denen die durchgestrichene Ähre (das glutenfrei-Symbol) abgebildet ist, sind eindeutig glutenfrei. Mitglieder der Deutschen Zöliakiegesellschaft (DZG) können zudem Lebensmittelaufstellungen von unbedenklichen Produkten erhalten. Nähere Informationen zur Deutschen Zöliakiegesellschaft sind unter www.dzg-online.de zu finden. Ein Produkt wird als unbedenklich angesehen, wenn es einen Glutengehalt von höchstens 20 ppm (parts per million) aufweist.

Wenn in einem abgepackten Lebensmittel glutenhaltiges Getreide enthalten ist, dann muss dies deklariert sein. Gluten ist ein Klebereiweiß und kommt in Produkten vor, die glutenhaltige Getreidesorten wie Weizen, Roggen, Gerste, Grünkern, Dinkel oder verwandte Getreidearten und Urkornarten (beispielsweise Kamut und Einkorn) enthalten. Hafer ist ebenfalls üblicherweise als glutenhaltig einzustufen, weil es gewöhnlich durch Fremdgetreide kontaminiert ist.

Mit dem Lesen der Zutatenliste muss man beim Einkauf der glutenfreien Zutaten vertraut sein und wissen, hinter welchen Begrifflichkeiten sich glutenhaltige Zutaten verbergen,

- z. B. die glutenhaltigen Getreidesorten wie Weizen, Roggen, Dinkel, Grünkern, Gerste, Einkorn, Kamut, Hafer
- Weizeneiweiß, Weizenkleber, Weizenstärke, Gerstenmalz, Weizenkleie, Hartweizengrieß und weitere.

Dies kann im Rahmen einer Ernährungsberatung geschult werden. Der Einkauf wird erleichtert, wenn bekannt ist, dass Angaben wie „Hefe“, „Hefeextrakt“, „Stärke“ und „modifizierte Stärke“ glutenfrei sind, wenn keine weiteren Angaben in der Zutatenliste gemacht werden. Wurde glutenhaltiges Getreide für die Hefe oder Stärke verwendet, dann muss dies entsprechend vermerkt werden. Glutenfrei sind auch Johannisbrotkernmehl, Amaranth, Guarkernmehl, Teff, Buchweizen und Maisgrieß.

Bei der glutenfreien Ernährung muss jedes Lebensmittel genauestens auf Glutenfreiheit überprüft werden. Dies gilt natürlich auch bei den Backzutaten und es muss bei jeder Zutat auf die Zutatenliste geschaut werden. Es gibt zurzeit zwar viele herkömmliche Hersteller, die z. B. glutenfreies Backpulver, glutenfreie Schokoladenstreusel, glutenfreies Puddingpulver usw. anbieten, jedoch gibt es ebenso viele herkömmliche Hersteller, in deren Rezepturen Gluten verwendet wird. Außerdem muss bei jedem Einkauf erneut auf die Zutatenliste geschaut werden, da sich diese immer ändern kann.

Glutenfreie Produkte zum Backen

Folgende Back- und Dekorationszutaten gängiger Hersteller im Supermarkt sind z. B. laut Zutatenliste bei Fertigstellung dieses Buches glutenfrei (die Angaben entsprechen einer Recherche zum Zeitpunkt der Fertigstellung dieses Buches. Eine Garantie kann nicht übernommen werden, eine Haftung ist ausgeschlossen.) Ganz wichtig ist, bei jedem Einkauf die Produkte noch einmal selbst auf Glutenfreiheit zu prüfen:

- Backpulver (z. B. von RUF Lebensmittelwerk KG oder Backin von Dr. August Oetker Nahrungsmittel KG)
- Puddingpulver zum Kochen (z. B. Original Puddingpulver zum Kochen Vanillegeschmack oder Feinherbe Schokolade von Dr. August Oetker Nahrungsmittel KG)
- Sahnesteif (z. B. von RUF Lebensmittelwerk KG oder Sahnesteif von Dr. August Oetker Nahrungsmittel KG)
- Schokoladenstreusel (z. B. Milch-Schoko-Streusel von RUF Lebensmittelwerk KG, Sarotti Eszet Streusel Zartbitter von Stollwerck GmbH, Raspelschokolade Zartbitter von Dr. August Oetker Nahrungsmittel KG, Raspel-Schokolade Zartbitter von RUF Lebensmittelwerk GmbH, Zartbitter Borkenschokolade oder Raspelschokolade dunkel von Ulmer Schokoladen GmbH & Co. KG)
- Tortenguss (z. B. Tortenguss klar, rot oder Erdbeer von RUF Lebensmittelwerk KG oder von Dr. August Oetker Nahrungsmittel KG)
- Marzipan (z. B. Marzipan Rohmasse von RUF Lebensmittelwerk KG oder Zentis GmbH & Co. KG)

- Gelatine (z. B. gemahlen weiß oder sofort Gelatine oder Blatt-Gelatine weiß – Gold extra von RUF Lebensmittelwerk KG, Gelatine gemahlen weiß oder Blattgelatine weiß oder Gelatine fix von Dr. August Oetker Nahrungsmittel KG)
- Speisestärke (z. B. Gustin feine Speisestärke von Dr. August Oetker Nahrungsmittel KG aus Maisstärke)
- Krokant (z. B. Mandel- oder Haselnusskrokant von RUF Lebensmittelwerk KG)
- Kakaopulver (z. B. Sarotti Stollwerck GmbH)
- Zimt (z. B. Nachfüll- / Gewürzbeutel Zimt gemahlen oder Schmuckdose Zimt gemahlen von Ostmann GmbH)
- Nutella (von Ferrero MSC GmbH & Co. KG)
- Götterspeise (z. B. Doppelpack Götterspeise Zitrone, Kirsch oder Waldmeistergeschmack von RUF)
- Zuckerschrift (z. B. 4 Farben von Dr. August Oetker Nahrungsmittel KG)
- Gummibärchen (z. B. Fruchtgummi Goldbären von Haribo GmbH & Co. KG)
- Schoko-Bons (Kinder Schoko-Bons von Ferrero MSC GmbH & Co. KG)
- Yogurette (von Ferrero MSC GmbH & Co. KG)
- Schokoladenkuvertüre (z. B. Kuvertüre Zartbitter, Vollmilch oder Weiß von Dr. August Oetker Nahrungsmittel KG)

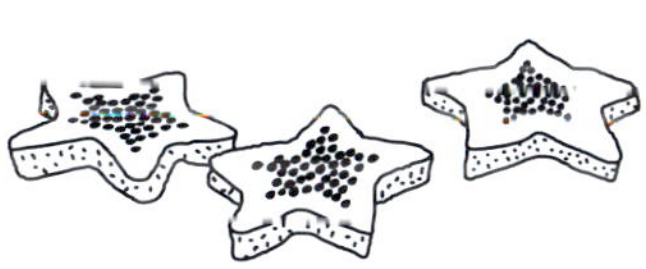

Es gibt aber auch viele Backzutaten, die in unverarbeitetem Zustand von Natur aus glutenfrei sind, dazu gehören unter anderem:

- Zucker, Puderzucker, Honig
- naturbelassene Nüsse, Mandeln und Pinienkerne ohne weitere Zusätze
- frisches Obst und Gemüse und entsprechende Tiefkühlprodukte ohne weitere Zusätze
- Eier
- Butter, Pflanzenöl
- Wasser und reine Fruchtsäfte
- Milchprodukte in natürlicher Form: Milch, Naturjoghurt, Quark, Sahne, Schmand, Crème fraîche, Mascarpone und Frischkäse. (Bei entsprechenden verarbeiteten oder Light-Produkten muss genauer auf die Zutatenliste geschaut werden, da sie Gluten enthalten können.)

Für Lebensmittel wie Plätzchen, Cornflakes, Zwiebacke oder Ähnliches muss in der glutenfreien Küche üblicherweise auf Ersatzprodukte zurückgegriffen werden. Mittlerweile gibt es viele Supermarktketten, die diese in ihrem Sortiment führen. Ein Tipp für diejenigen, die nicht täglich glutenfrei backen: Einige Hersteller von glutenfreien Spezialprodukten haben ihre Verkaufspunkte auf ihrer Homepage vermerkt (z. B. Schär), darunter sind auch viele Supermarktketten. So kann schnell nachgeschaut werden, in welchem nächstgelegenen Supermarkt glutenfreie Ersatzprodukte gekauft werden können.

Abkürzungen

g Gramm	**ml** Milliliter	**TL** Teelöffel	**EL** Esslöffel

Zauberhafte Torten

Bei diesen Torten bleibt kein Mund trocken – ob fruchtige Mandarinentorte, cremige Cappuccinotorte, kindergeburtstagstaugliche Nusstorte mit Schoko-Bons oder Eistorte für den sommerlichen Genuss: Hier ist für jeden Geschmack etwas dabei.

Mandarinentorte

Leicht und lecker

Für 1 Springform

3 Eier

75 g Zucker

Saft von ½ Zitrone (alternativ 3 EL Wasser oder Fruchtsaft)

120 g Speisestärke

1 TL Backpulver

Für den Belag:

400 g Schmand

2 Dosen Mandarinen

1 Packung roter Tortenguss

1 Packung klarer Tortenguss

400 g Sahne

2 Packungen Sahnesteif

100 g Crème fraîche

1 EL Zucker

50 g Schokoladenraspel

Zubereitungszeit: 25 Minuten

Backzeit: 30 Minuten

Den Backofen auf 160 Grad vorheizen. Die Eier trennen, Eiweiß steif schlagen. Den Zucker und die Eigelbe unterrühren. Zitronensaft dazugeben, dann die Speisestärke und das Backpulver unterheben. Den Teig in eine mit Backpapier ausgelegte Springform füllen und 30 Minuten backen.

Den Schmand auf dem abgekühlten Tortenboden verteilen, anschließend mit Mandarinen belegen. Den roten und klaren Tortenguss mischen, nach Packungsanweisung anrühren und auf den Mandarinen verteilen.

Ist der Tortenguss fest, die Sahne mit Sahnesteif mischen und schlagen, Crème fraîche und 1 TL Zucker unterheben und auf die Torte streichen. Zur Verzierung Schokoladenraspel auf die Sahne streuen.

Exotische Bananentorte

Einfach in der Zubereitung, raffiniert im Geschmack

Für 1 Springform

- 3 Eier
- 100 g Zucker
- 100 ml Öl
- 3 Packungen Vanillepuddingpulver (zum Kochen)
- 2 TL Backpulver
- 3 Bananen
- 400 g Sahne
- 2 Packungen Sahnesteif
- 1 Dose Pfirsiche
- 1 Packung klarer Tortenguss
- 250 ml Maracujasaft

Zubereitungszeit: 30 Minuten

Backzeit: 30 Minuten

Den Backofen auf 180 Grad vorheizen. Die Eier, den Zucker und das Öl verrühren. Vanillepuddingpulver und Backpulver dazugeben und untermischen. Den Teig in eine mit Backpapier ausgelegte Springform füllen und 30 Minuten backen.

Die Bananen in Scheiben schneiden und den Tortenboden damit belegen. Die Sahne mit Sahnesteif mischen und schlagen. Pfirsiche in Stücke schneiden und unterheben, anschließend auf die Bananenscheiben streichen.

Den Tortenguss mit dem Maracujasaft nach Packungsanweisung herstellen und auf der Torte verteilen, anschließend im Kühlschrank fest werden lassen.

Variante: Zwiebackboden

Für einen alternativen Tortenboden 200 g zerbröselten Zwieback (wenn glutenfrei, dann z. B. von Schär) mit 125 g geschmolzener Butter und 80 g Zucker mischen und auf den Boden einer mit Backpapier ausgelegten Springform drücken. Den ausgekühlten Tortenboden mit 100 g erwärmter Aprikosenmarmelade bestreichen.

Cappuccinotorte

Für alle, die den Kaffeegeschmack nicht nur in der Tasse lieben

Für 1 Springform

- 4 Eier
- 120 g Zucker
- 100 g gemahlene Haselnüsse
- 100 g gemahlene Mandeln
- 150 g Schokoladenraspel
- 2 TL Backpulver
- 1 Dose Birnen
- 600 g Sahne
- 3 Packungen Sahnesteif
- 5 TL Cappuccinopulver
- 1 Packung Vanillezucker

Zubereitungszeit: 40 Minuten

Backzeit: 30 Minuten

Den Backofen auf 180 Grad vorheizen. Die Eier trennen, Eiweiß steif schlagen. Die Eigelbe mit Zucker, Haselnüssen, Mandeln, 100 g Schokoladenraspeln und Backpulver verrühren. Anschließend den Eischnee unterheben, den Teig in eine mit Backpapier ausgelegte Springform füllen und 30 Minuten backen.

Von dem ausgekühlten Tortenboden eine dünne Schicht abschneiden, zerbröseln und beiseitestellen. Die Birnen auf den Tortenboden legen. Die Sahne mit Sahnesteif mischen und schlagen, Cappuccinopulver und Vanillezucker unterrühren und auf die Birnen streichen. Die Sahne mit Krümeln bestreuen und die restlichen 50 g Schokoladenraspel darüber verteilen.

Variante: Sahnetorte mit Schuss

2 cl Eierlikör und 2 cl Rum in den Teig geben, 500 g Sahne mit 2 Packungen Sahnesteif steif schlagen und auf dem ausgekühlten Tortenboden verteilen. 6 cl Eierlikör in die Mitte der Torte geben und für einige Stunden (am besten über Nacht) kühl stellen.

Joghurtcreme-Torte

Kommt bei Geburtstagen und Festen immer gut an

Für 1 Springform

- 3 Eier
- 100 g Zucker
- 100 ml Öl
- 3 Packungen Vanillepudding-pulver (zum Kochen)
- 2 TL Backpulver

Für den Belag:

- Saft von ½ Zitrone
- 1 kg Joghurt
- 100 g Zucker
- 10 Blatt Gelatine
- 250 g Sahne
- 1 Packung Sahnesteif
- 1 Dose Pfirsiche
- 1 EL gemahlene Pistazienkerne

Zubereitungszeit: 35 Minuten
Backzeit: 30 Minuten
Kühlzeit: 4 Stunden (am besten über Nacht)

Den Backofen auf 180 Grad vorheizen. Die Eier, den Zucker und das Öl verrühren. Vanillepuddingpulver und Backpulver dazugeben und untermischen. Den Teig in eine mit Backpapier ausgelegte Springform füllen und 30 Minuten backen.

Den Zitronensaft mit dem Joghurt und dem Zucker verrühren. Blattgelatine in kaltem Wasser einweichen. Anschließend die Gelatine gut ausdrücken und in einem Topf erwärmen. Flüssige Gelatine unter die Joghurtcreme rühren, dann die Creme etwa 15 Minuten in den Kühlschrank stellen.

Die Sahne mit Sahnesteif mischen, schlagen und unter die Zitronencreme rühren, wenn diese anfängt zu gelieren. Etwa ¼ der Creme auf den Tortenboden verteilen. Die Pfirsiche abtropfen lassen, in Spalten schneiden und auf die Creme legen. Die übrige Creme auf den Pfirsichen verstreichen und die Torte für 4 Stunden in den Kühlschrank stellen.

Die Torte mit gemahlenen Pistazienkernen dekorieren.

Variante: Fußballtorte

Fünf gleich große Sechsecke auf einem Bogen Alufolie aufmalen und ausschneiden, auf den Tortenboden legen, die Torte mit Kakaopulver bestäuben und die Alufolie anschließend wieder abnehmen. Natürlich können auch andere Motive mit dieser Technik auf die Torte gebracht werden.

Waldmeistertorte

Farbliches Highlight auf dem Tisch

Für 1 Springform

- 200 g weiße Schokoladenkuvertüre
- 100 g Cornflakes (wenn glutenfrei, dann z. B. von Schär)
- Butter für die Form
- 2 Päckchen Götterspeise Waldmeistergeschmack (kein Instant)
- 500 g Quark
- 200 g Zucker
- 500 g Sahne
- 2 Packungen Sahnesteif

Zubereitungszeit: 30 Minuten

Kühlzeit: 3 Stunden

- Die Schokoladenkuvertüre schmelzen. Die Cornflakes zerbröseln, mit der flüssigen Kuvertüre vermischen und auf den Boden einer mit Backpapier ausgelegten Springform drücken.
- Die Götterspeise in 200 ml heißem Wasser nach Packungsanweisung auflösen und leicht abkühlen lassen. Quark und Zucker verrühren. Die Götterspeise unterheben. Anschließend die Sahne mit Sahnesteif mischen, schlagen und unter die Quark-Götterspeise-Masse heben. Die Creme auf den Tortenboden verteilen und 3 Stunden (am besten über Nacht) kühl stellen.

Variante: Waldmeister-Erdbeer-Torte

300 g Erdbeeren in Scheiben schneiden und auf die fest gewordene Torte legen, dann mit 1 Packung rotem Tortenguss übergießen und 2 Stunden kühl stellen.

TIPP

Die grüne Torte als Blumenwiese dekorieren, z. B. mit Blumendekor („feine Dekorblüten“ von Dr. Oetker).

Spekulatiustorte

Perfekt für die Weihnachtszeit

Für 1 Springform

- 100 g Butter
- 200 g Spekulatiusplätzchen (wenn glutenfrei, dann z. B. von Schär)
- 1 Glas Kirschen
- 1 Glas Preiselbeeren
- 1 Packung roter Tortenguss
- 500 g Sahne
- 2 Packungen Sahnesteif
- 2 Packungen Vanillezucker
- 30 g Krokantstreusel

Zubereitungszeit: 30 Minuten

Die Butter schmelzen. Die Spekulatius in einen Gefrierbeutel geben, mit einem Nudelholz zerbröseln und mit der Butter vermischen. Die Masse auf den Boden einer mit Backpapier ausgelegten Springform drücken.

Die Kirschen und die Preiselbeeren abtropfen lassen, den Kirschsaft auffangen. Das Obst auf dem Tortenboden verteilen. Den Tortenguss nach Packungsanweisung mit 250 ml Kirschsaft herstellen, über das Obst gießen und fest werden lassen.

Die Sahne mit Sahnesteif mischen und schlagen, den Vanillezucker unterrühren und die Sahnemasse auf der Torte verteilen. Abschließend die Torte mit Krokantstreuseln verzieren.

Variante: Preiselbeer-Kirschtorte mit Löffelbiskuit-Marzipan-Boden

100 g Butter schmelzen lassen, 150 g Löffelbiskuits (wenn glutenfrei, dann z. B. von Schär) zerbröseln, 100 g Marzipan in kleine Stücke zupfen und mit Keksbröseln vermischen, anschließend mit der Butter vermischen und in eine mit Backpapier ausgelegte Springform drücken.

Eierlikör-Beeren-Torte

Torte für Erwachsene

Für 1 Springform

- 4 Eier
- 150 g Butter
- 150 g Zucker
- 1 Packung Vanillezucker
- 200 g gemahlene Haselnüsse
- 2 TL Backpulver
- 400 g gemischte Beeren
- 250 ml Johannisbeersaft
- 1 Packung roter Tortenguss
- 500 g Sahne
- 2 Packungen Sahnesteif
- 8 EL Eierlikör
- 100 g Schokoladenraspel

Zubereitungszeit: 40 Minuten

Backzeit: 30 Minuten

Den Backofen auf 180 Grad vorheizen. Die Eier trennen, die Eigelbe mit der Butter, 100 g Zucker und dem Vanillezucker cremig rühren. Die Nüsse und das Backpulver zugeben, unterrühren und das Eiweiß unterheben. Den Teig in eine mit Backpapier ausgelegte Springform füllen, 30 Minuten backen und anschließend abkühlen lassen.

Die Beeren auf dem Tortenboden verteilen, den Tortenguss nach Packungsanweisung mit dem Johannisbeersaft herstellen, über die Beeren gießen und erkalten lassen.

Die Sahne mit Sahnesteif mischen und schlagen, 50 g Zucker und 5 TL Eierlikör unterrühren. Die Eierlikörsahne auf der Torte verteilen, den restlichen Eierlikör in die Tortenmitte geben. Die Torte mit Schokoladenraspel verzieren.

Variante: Mit Häubchen

Torte nur mit zwei Dritteln der Eierlikörsahne bestreichen und die restliche Sahne mit einem Spritzbeutel als Sahnetuffs auf die Torte spritzen.

Stachelbeertorte

Stachelbeeren sind schön säuerlich und saftig

Für 1 Springform

- 125 g Butter
- 150 g Löffelbiskuits (wenn glutenfrei, dann z. B. von Schär)
- 200 g Frischkäse
- 2 Eier
- 80 g Zucker
- 500 g Stachelbeeren
- 2 Packungen klarer Tortenguss
- 400 g Sahne
- 2 Packungen Sahnesteif
- 50 g Schokoladenraspel

Zubereitungszeit: 35 Minuten

Backzeit: 30 Minuten

Den Backofen auf 150 Grad vorheizen. Die Butter schmelzen. Löffelbiskuits zerbröseln, mit der geschmolzenen Butter vermischen und auf den Boden einer mit Backpapier ausgelegten Springform drücken.

Den Frischkäse, die Eier und den Zucker verrühren, auf den Tortenboden streichen und 30 Minuten backen. Anschließend auskühlen lassen.

Die Stachelbeeren waschen und den Tortenboden damit belegen. Den Tortenguss nach Packungsanweisung herstellen, auf den Stachelbeeren verteilen und fest werden lassen. Die Sahne mit Sahnesteif mischen, schlagen und auf die Stachelbeeren streichen. Die Torte mit Schokoladenraspel verzieren.

Variante: Für Erwachsene

Mit einem Löffel kreisförmige Vertiefungen in die Sahne ziehen und in diese Eierlikör streichen.

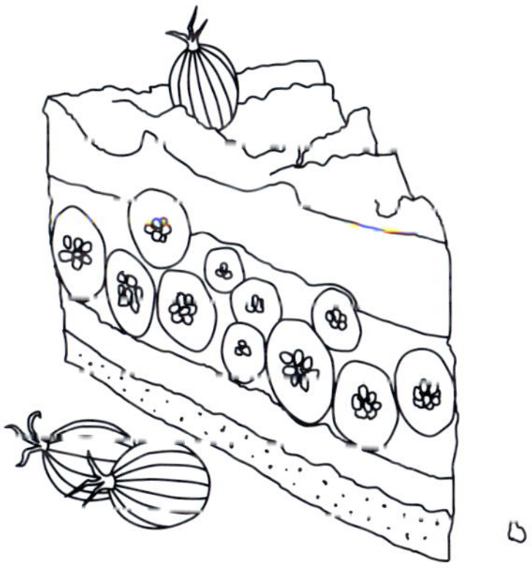

Kiba-Torte

Mit bananiger Mascarpone-Quark-Creme

Für 1 Springform

- 2 Eier
- Saft von ½ Zitrone
- 170 g Zucker
- 50 g Speisestärke
- ½ TL Backpulver
- 150 g Kirschmarmelade
- 500 g Mascarpone
- 500 g Quark
- 1 Packung Vanillezucker
- 3 Bananen
- 9 Blatt Gelatine
- 200 g Sahne
- 1 Packung Sahnesteif
- 1 Glas Kirschen
- 1 Packung roter Tortenguss

Zubereitungszeit: 45 Minuten

Backzeit: 20 Minuten

Kühlzeit: 4 Stunden (am besten über Nacht)

Den Backofen auf 180 Grad vorheizen. Die Eier trennen, Eiweiß steif schlagen. 50 g Zucker unter den Eischnee rühren. Dann erst die Eigelbe, 1 Spritzer Zitronensaft, Speisestärke und Backpulver unterheben. (Die Reihenfolge unbedingt einhalten, sonst geht der Boden nicht auf.) Den Teig in eine mit Backpapier ausgelegte Springform füllen und 20 Minuten backen. Auskühlen lassen. Die Kirschmarmelade erwärmen und auf den Boden streichen.

Mascarpone, Quark, 120 g Zucker und den Vanillezucker verrühren. Die Bananen zerdrücken, mit Zitronensaft vermischen und zur Mascarpone-Quark-Masse geben. Blattgelatine in kaltem Wasser einweichen. Anschließend die Gelatine gut ausdrücken und in einem Topf erwärmen. Flüssige Gelatine unter die Creme ziehen. Die Sahne mit Sahnesteif mischen und schlagen. Ebenfalls unterheben. Die Creme auf dem Tortenboden verteilen und im Kühlschrank fest werden lassen (ca. 4 Stunden).

Die Kirschen abtropfen lassen, Kirschsaft auffangen. Die Kirschen auf der Torte verteilen. Den Tortenguss mit Kirschsaft nach Packungsanweisung herstellen, über die Kirschen gießen und fest werden lassen.

Variante: Mandel-Cornflakes-Boden

200 g Schokoladenkuvertüre erwärmen, mit 70 g grob zerbröselten Cornflakes und 50 g Mandelstiften vermischen, die Masse auf den Boden einer mit Backpapier ausgelegten Springform drücken und fest werden lassen.

Erdbeertorte
auf knackigem Knusperboden

Oben fruchtig, unten knackig – und in der Mitte erfrischend cremig

Für 1 Springform

- 250 g weiße Schokoladenkuvertüre
- 100 g Cornflakes (wenn glutenfrei, dann z. B. von Schär)
- Saft von 1 Zitrone
- 400 g Schmand
- 130 g Zucker
- 400 g Sahne
- 2 Packungen Sahnesteif
- 700 g Erdbeeren
- 2 Packungen roter Tortenguss

Zubereitungszeit: 40 Minuten

Kühlzeit: 2 Stunden

Die Schokoladenkuvertüre schmelzen. Die Cornflakes grob zerbröseln und mit der flüssigen Kuvertüre vermischen. Die Masse auf den Boden einer mit Backpapier ausgelegten Springform drücken und im Kühlschrank fest werden lassen.

Zitronensaft, Schmand und Zucker verrühren. Die Sahne mit Sahnesteif mischen und schlagen, unter die Schmandmasse rühren und auf den Tortenboden streichen. Die Erdbeeren waschen, putzen, halbieren und auf der Torte verteilen.

Den Tortenguss nach Packungsanweisung herstellen und auf die Erdbeeren gießen. Die Torte 2 Stunden (am besten über Nacht) im Kühlschrank durchziehen lassen.

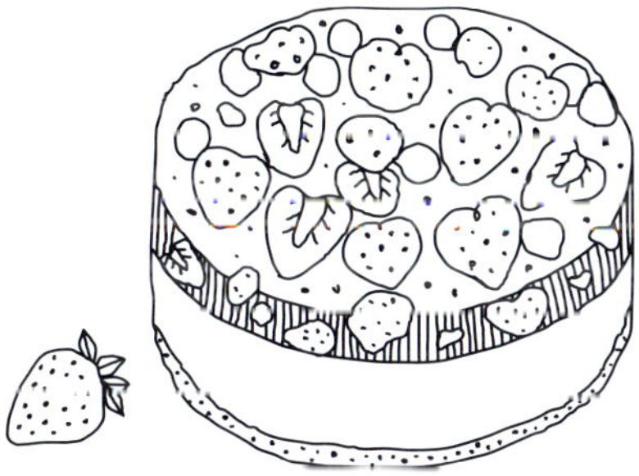

Pfirsichtorte auf Mandelboden

Mit Multivitaminsaft für einen herrlich fruchtigen Geschmack

Für 1 Springform

- 6 Eier
- 80 g Butter
- 80 g Zucker
- 2 Packungen Vanillezucker
- 200 g gemahlene Mandeln
- 100 g Schokoladenstreusel
- 2 TL Backpulver
- 200 g Frischkäse
- 100 g Puderzucker
- 400 g Sahne
- 2 Packungen Sahnesteif
- 800 g Pfirsiche
- 2 Packungen klarer Tortenguss
- 500 ml Multivitaminsaft
- 15 g gehackte Pistazien

Zubereitungszeit: 40 Minuten

Backzeit: 30 Minuten

Den Backofen auf 180 Grad vorheizen. Die Eier trennen, Eiweiß steif schlagen. Die Eigelbe mit der Butter, dem Zucker und 1 Packung Vanillezucker cremig rühren. Die gemahlenen Mandeln, die Schokoladenstreusel und das Backpulver dazurühren. Den Eischnee unterheben und den Teig in eine mit Backpapier ausgelegte Springform füllen. Den Tortenboden 30 Minuten backen und anschließend auskühlen lassen.

Frischkäse, Puderzucker und 1 Packung Vanillezucker verrühren. Die Sahne mit Sahnesteif mischen, schlagen und unterheben. Die Pfirsiche abtropfen lassen, würfeln und zur Creme geben, dann auf dem Tortenboden verstreichen.

Den Tortenguss mit dem Multivitaminsaft nach Packungsanweisung herstellen und auf der Torte verteilen. Die Torte mit Pistazien dekorieren.

Variante: Birnentorte

Pfirsiche weglassen, dafür Birnen in Spalten schneiden und kreisförmig auf der Creme verteilen. Den Tortenguss für die Birnen herkömmlich ohne Multivitaminsaft herstellen.

Himbeer-Mandel-Torte
mit Marzipan

Der Marzipan gibt dieser Torte eine besondere Geschmacksnote

Für 1 Springform

- 120 g Zucker
- 3 Eier
- 200 g gemahlene Mandeln
- 1 TL Backpulver
- 100 g Schokoladenraspel (Zartbitter)
- 400 g Frischkäse
- 50 g Zucker
- 1 Packung Vanillezucker
- 100 g Marzipan
- 200 g Sahne
- 250 g Himbeeren
- 1 Packung roter Tortenguss

Zubereitungszeit: 30 Minuten

Backzeit: 25 Minuten

Kühlzeit: 30 Minuten

Den Backofen auf 180 Grad vorheizen. Den Zucker und die Eier schaumig rühren. Dann die Mandeln, das Backpulver und die Schokoladenraspel dazurühren. Die Teigmasse auf den Boden einer mit Backpapier ausgelegten Springform geben und 25 Minuten backen, anschließend abkühlen lassen.

Den Frischkäse mit Zucker und Vanillezucker verrühren, dann den Marzipan in Stücke zupfen und untermischen. Die Sahne steif schlagen, unterheben und anschließend 30 Minuten in den Kühlschrank stellen. Anschließend auf den Tortenboden streichen.

Die Himbeeren waschen, verlesen und auf der Sahne verteilen. Den Tortenguss nach Packungsanweisung herstellen und über die Himbeeren gießen.

Pfefferminztorte mit After Eight

Genuss auf die feine, englische Art

Für 1 Springform

200 g gefüllte Pfefferminz-schokoladenplättchen (After Eight)

500 g Sahne

6 Eier

100 g Zucker

200 g Schokoladenkuvertüre

2 Packungen Sahnesteif

Zubereitungszeit: 40 Minuten

Backzeit: 30 Minuten

Kühlzeit: über Nacht

6 After Eight zur Seite legen. Die restlichen Schokoladentäfelchen zusammen mit der Sahne in einem Topf rührend erwärmen, schmelzen lassen und anschließend kühl stellen (am besten über Nacht).

Den Backofen auf 180 Grad vorheizen. Die Eier trennen, Eiweiß steif schlagen. Die Eigelbe mit dem Zucker cremig rühren, anschließend die Schokoladenkuvertüre schmelzen und dazugeben. Den Eischnee unterheben und den Teig in eine mit Backpapier ausgelegte Springform verteilen. Den Tortenboden 30 Minuten backen und anschließend auskühlen lassen.

Die Pfefferminz-Sahne mit Sahnesteif mischen, schlagen und auf den Tortenboden verstreichen. Die zurückbehaltenen After Eight halbieren und die Torte damit garnieren.

Preiselbeertorte

Schnell gemacht und schnell gegessen

Für 1 Springform

- 200 g Schokoladenkuvertüre
- 6 Eier
- 100 g Zucker
- 400 g Preiselbeeren
- 400 g Sahne
- 2 Packungen Sahnesteif

Zubereitungszeit: 20 Minuten

Backzeit: 30 Minuten

Den Backofen auf 180 Grad vorheizen. Die Schokoladenkuvertüre schmelzen. Die Eier trennen, Eiweiß steif schlagen. Die Eigelbe mit dem Zucker cremig rühren, anschließend die flüssige Schokolade dazugeben. Den Eischnee unterheben und den Teig in einer mit Backpapier ausgelegten Springform verteilen. Den Tortenboden 30 Minuten backen und anschließend auskühlen lassen.

Den Tortenboden mit Preiselbeeren belegen. Die Sahne mit Sahnesteif mischen, schlagen und auf den Preiselbeeren verteilen.

Variante: Mit Sahne-Quark-Haube

Dazu einfach die Hälfte der Sahne durch Quark ersetzen und die Creme mit 3 TL Zucker süßen. Für Erwachsene 1 TL Rum zur Sahne geben. Und für eine noch fruchtigere Torte 3 TL Preiselbeermarmelade unter die Sahne rühren.

Nusstorte mit Schoko-Bons

Schnell gemacht und superlecker

Für 1 Springform

- 4 Eier
- 150 g Butter
- 150 g Zucker
- 1 Packung Vanillezucker
- 200 g gemahlene Haselnüsse
- 2 TL Backpulver
- 400 g Sahne
- 2 Packungen Sahnesteif
- 150 g Schoko-Bons
- 40 g Haselnusskrokant

Zubereitungszeit: 25 Minuten

Backzeit: 30 Minuten

Den Backofen auf 180 Grad vorheizen. Die Eier trennen. Die Eigelbe mit der Butter, dem Zucker und dem Vanillezucker cremig rühren. Die Haselnüsse und das Backpulver dazugeben, Eiweiß unterheben. Den Teig in eine mit Backpapier ausgelegte Springform füllen und 30 Minuten backen.

Die Sahne mit Sahnesteif mischen und schlagen. 12 Schoko-Bons zur Seite legen, die restlichen klein hacken und unter die Sahne heben. Die Sahne auf dem Tortenboden verstreichen. Die Torte mit Haselnusskrokant bestreuen und anschließend mit den zurückgelegten Schoko-Bons garnieren.

Variante: Erdbeer-Yogurette-Torte

400 g Erdbeeren auf dem Tortenboden verteilen und roten Tortenguss darübergießen. Statt Schoko-Bons 1 Tafel Yogurette klein hacken, unter die Sahne rühren und die Sahnemasse auf den Erdbeeren verteilen. Eine weitere Tafel Yogurette klein hacken und auf der Sahne verteilen.

Gestürzte Ananastorte

Sieht einfach toll aus – und schmeckt auch so

Für 1 Springform

- 5 Eier
- 250 g Zucker
- 1 Packung Vanillezucker
- 200 g gemahlene Mandeln
- 1 Dose Ananas in Scheiben
- Saft von ½ Zitrone
- 500 g Quark
- 12 Blatt Gelatine
- 250 g Sahne

Zubereitungszeit: 35 Minuten
Backzeit: 30 Minuten
Kühlzeit: 4 Stunden (am besten über Nacht)

- Den Backofen auf 180 Grad vorheizen. Die Eier trennen, Eiweiß steif schlagen. 200 g Zucker, den Vanillezucker und die Mandeln unter den Eischnee heben. Den Teig in eine mit Backpapier ausgelegte Springform füllen, 30 Minuten backen und anschließend abkühlen lassen.

- Die Ananasscheiben abtropfen lassen, den Ananassaft auffangen. Zitronensaft mit 200 ml Ananassaft mischen, dann mit dem Quark und 50 g Zucker verrühren.

- Die Blattgelatine in kaltem Wasser einweichen. Anschließend die Gelatine gut ausdrücken und in einem Topf erwärmen. Flüssige Gelatine zur Quarkcreme geben und untermischen. Die Sahne steif schlagen und unter die Quarkmasse heben, bevor sie zu gelieren beginnt. Die Ananas auf den Boden einer Springform legen, die Creme darauf verteilen und die Torte für 4 Stunden zum Festwerden in den Kühlschrank stellen.

- Ist die Creme fest geworden, den Tortenboden auf die Ananascreme auflegen und die Torte stürzen.

TIPP

Vor dem Servieren den Rand des Tortenbodens mit Aprikosenmarmelade bestreichen und mit gehobelten Mandeln bestreuen.

Himbeer-Popcorn-Torte

Der Popcornboden bringt eine leckere Überraschung am Kaffeetisch

Für 1 Springform

- 200 g Schokoladenkuvertüre
- 80 g Popcorn
- 600 g Frischkäse
- 300 g Joghurt
- 1 Packung Vanillezucker
- 100 g Zucker
- 250 g Himbeeren
- 10 Blatt weiße Gelatine

Zubereitungszeit: 40 Minuten

Kühlzeit: 4 Stunden (am besten über Nacht)

Die Kuvertüre schmelzen. 12 Stück Popcorn in die geschmolzene Schokolade tunken und trocknen lassen. Das restliche Popcorn grob zerkleinern, mit der Schokolade vermischen, in eine mit Backpapier ausgelegte Springform drücken (geht sehr gut mit einem Löffel) und aushärten lassen.

Frischkäse, Joghurt, Vanillezucker und 50 g Zucker verrühren. Die Himbeeren waschen und mit den restlichen 50 g Zucker pürieren, anschließend zur Frischkäsecreme geben. Blattgelatine in kaltem Wasser einweichen. Danach die Gelatine gut ausdrücken und in einem Topf erwärmen. Flüssige Gelatine unter die Frischkäsecreme rühren und auf den Popcornboden geben.

Die Torte für 4 Stunden in den Kühlschrank stellen und anschließend mit dem Schokoladen-Popcorn verzieren.

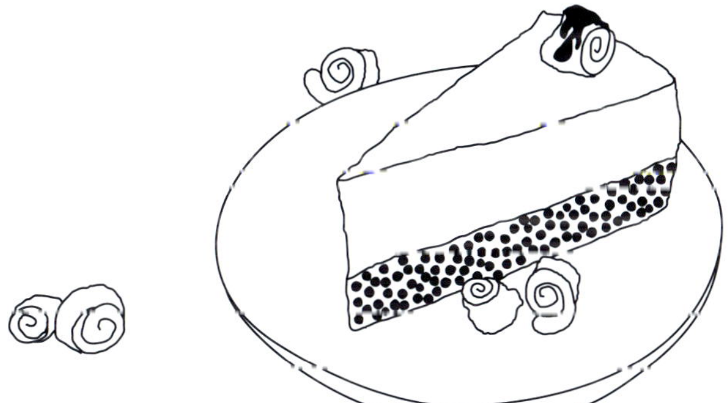

Schmandtorte
mit roter Grütze

Knusprig-fruchtige Leckerei

Für 1 Springform

- 150 g weiße Schokoladenkuvertüre
- 200 g Knuspermüsli (wenn glutenfrei, dann z. B. Crunchy Müsli von Schär)
- Saft von ½ Zitrone
- 500 g Schmand
- 100 g Zucker
- 500 g Sahne
- 1 Packung Vanillezucker
- 2 Packungen Sahnesteif
- 9 Blatt Gelatine
- 500 g rote Grütze

Zubereitungszeit: 35 Minuten

Kühlzeit: über Nacht + 2 Stunden

Die Schokoladenkuvertüre schmelzen. Das Müsli mit einem großen Messer zerkleinern, mit der Kuvertüre vermischen und auf den Boden einer mit Backpapier ausgelegten Springform drücken.

Zitronensaft, Schmand und Zucker verrühren. Die Sahne mit Sahnesteif mischen, schlagen und unterheben. 6 Blatt Gelatine in kaltem Wasser einweichen. Anschließend die Gelatine gut ausdrücken und in einem Topf erwärmen. Flüssige Gelatine unter die Creme ziehen, anschließend die Creme auf dem Tortenboden verteilen, die Torte kühl stellen (am besten über Nacht) und fest werden lassen.

Die restlichen 3 Blatt Gelatine in kaltem Wasser einweichen. Anschließend die Gelatine gut ausdrücken und in einem Topf erwärmen. Flüssige Gelatine unter die rote Grütze rühren, anschließend die rote Grütze auf die Torte streichen und etwa 2 Stunden kalt stellen.

Variante:

Variieren Sie den Boden je nach Geschmack, auch ein Biskuitboden (siehe Umschlagklappe) schmeckt bei dieser Torte köstlich.

Eistorte

Perfekt an warmen Sommertagen

Für 1 Springform

- 200 g Baiser bzw. Merengues
- 150 g Schokolade
- 600 g Sahne
- 3 Packungen Sahnesteif
- Schokoladensauce zum Verzieren
- 12 Erdbeeren zum Verzieren

Zubereitungszeit: 30 Minuten

Kühlzeit: über Nacht

Eine Springform mit Klarsichtfolie auslegen. Baiser grob zerkleinern und die Schokolade grob hacken.

Die Sahne mit Sahnesteif mischen und schlagen, dann die Schokolade unterheben. Anschließend die Baiserstücke dazugeben, alles in die Springform füllen und über Nacht einfrieren.

Die Eistorte vor dem Servieren 10 Minuten bei Raumtemperatur antauen lassen. Die Schokoladensauce in Wellen auf der Torte verteilen, die Erdbeeren waschen und die Tortenstücke mit den Erdbeeren garnieren.

TIPP

Baiser kann man leicht selbst machen: Dafür 2 Eier trennen, Eiweiß steif schlagen, 120 g Zucker und 1 TL Zitronensaft unterrühren. Die Masse in einen Spritzbeutel (oder einen Gefrierbeutel mit abgeschnittener Ecke) füllen, Baiser auf ein mit Backpapier ausgelegtes Backblech spritzen und im vorgeheizten Backofen bei 110 Grad 90 Minuten backen. Anschließend den Backofen ausstellen und die Baisers im geschlossenen Backofen noch etwa 45 Minuten auskühlen lassen. Lecker schmeckt Baiser mit 150 g Schlagahne, die mit 10 g Puderzucker und 100 g klein geschnittenen Erdbeeren vermengt wird.

Mandarinen-Quark-Torte

Köstlich quarkig-fruchtig

Für 1 Springform

- 4 Eier
- 1 Orange
- 220 g Zucker
- 200 g Haselnüsse
- Saft von ½ Zitrone
- 500 g Quark
- 250 g Sahne
- 1 Packung gemahlene Gelatine
- 2 Dosen Mandarinen

Zubereitungszeit: 40 Minuten

Backzeit: 25 Minuten

Kühlzeit: 6 Stunden (am besten über Nacht)

- Den Backofen auf 180 Grad vorheizen. Die Eier trennen, Eiweiß steif schlagen. Die Orange auspressen. 4 EL Orangensaft, die Eigelbe und 120 g Zucker verrühren. Die Haselnüsse dazugeben und Eischnee unterheben. Teig in eine mit Backpapier ausgelegte Springform füllen und 25 Minuten backen.

- Zitronensaft, Quark und 100 g Zucker verrühren. Die Sahne steif schlagen. Gelatine in kaltem Wasser einweichen. Anschließend die Gelatine gut ausdrücken und in einem Topf erwärmen. Flüssige Gelatine unter die Quarkcreme ziehen. Die Mandarinen abtropfen lassen, 12 Mandarinen zur Seite legen. Die restlichen Mandarinen und die Sahne unter die Quarkmasse heben. Die Quarkmasse auf dem Tortenboden verteilen und 6 Stunden in den Kühlschrank stellen.

- Die Torte mit den zur Seite gelegten Mandarinen dekorieren.

Variante: Keksboden

250 g zermahlene Butterkekse mit 125 g geschmolzener Butter vermischen und auf den Boden einer mit Backpapier ausgelegten Springform drücken.

TIPP

Dieser Tortenboden eignet sich auch toll für Kirschtorten, dazu den Orangensaft durch Kirschsaft ersetzen.

Schokoladen-Sahne-Torte

Ein Klassiker auf der Kuchentafel

Für 1 Springform

- 600 g Sahne
- 150 g Schokolade (Zartbitter)
- 120 g Zucker
- 3 Eier
- 200 g gemahlene Haselnüsse
- 100 g Schokoladenraspel (Zartbitter)
- 1 TL Backpulver
- 3 Packungen Sahnesteif
- 100 g weiße Schokoladenstreusel
- 12 Schokoladenplättchen

Zubereitungszeit: 20 Minuten
Backzeit: 25 Minuten
Kühlzeit: über Nacht

Die Sahne in einem Topf erwärmen, die Schokolade darin rührend auflösen und anschließend kühl stellen (am besten über Nacht).

Den Backofen auf 180 Grad vorheizen. Zucker und die Eier schaumig rühren. Die Haselnüsse, die Schokoladenraspel und das Backpulver dazurühren. Die Teigmasse in eine mit Backpapier ausgelegte Springform füllen und 25 Minuten backen. Anschließend abkühlen lassen.

Die Schokoladensahne mit Sahnesteif mischen, schlagen und auf den Tortenboden streichen. Mit den weißen Schokoladenstreuseln und Schokoplättchen garnieren.

Variante:
Weihnachtliche Birnen-Schokoladen-Sahne-Torte
In den Teig 1 TL Zimtpulver und 1 Prise Nelken geben. Etwas Schokoladensahne auf den Tortenboden streichen, 1 Dose Birnen abtropfen lassen und die Früchte auf die Schokoladensahne legen, dann die Birnen und den Tortenrand mit der restlichen Schokoladensahne bestreichen.

TIPP

Wenn Sie den Boden teilen, erhalten Sie eine tolle Schicht-Torte.

Zitronenquarkcreme
auf Reiswaffelboden

Herrlich cremig und erfrischend

Für 1 Springform

- 200 g Schokoladenkuvertüre
- 6 große Reiswaffeln
- Saft von 2 Zitronen
- 500 g Quark
- 150 g Joghurt
- 50 g Zucker
- 8 Blatt Gelatine
- 200 g Sahne

Zubereitungszeit: 25 Minuten

Kühlzeit: 4 Stunden
(am besten über Nacht)

Die Schokoladenkuvertüre schmelzen. Die Reiswaffeln in kleine Stücke schneiden bzw. reißen, mit der flüssigen Schokoladenkuvertüre vermischen und auf den Boden einer mit Backpapier ausgelegten Springform verteilen. Den Tortenboden auskühlen und fest werden lassen.

Den Zitronensaft mit Quark, Joghurt und Zucker verrühren. Blattgelatine in kaltem Wasser einweichen. Anschließend die Gelatine gut ausdrücken und in einem Topf erwärmen. Flüssige Gelatine unter die Creme rühren. Die Sahne steif schlagen und unter die Quark-Joghurt-Masse heben, wenn diese zu gelieren beginnt.

Die Creme auf den Tortenboden streichen und etwa 4 Stunden in den Kühlschrank stellen.

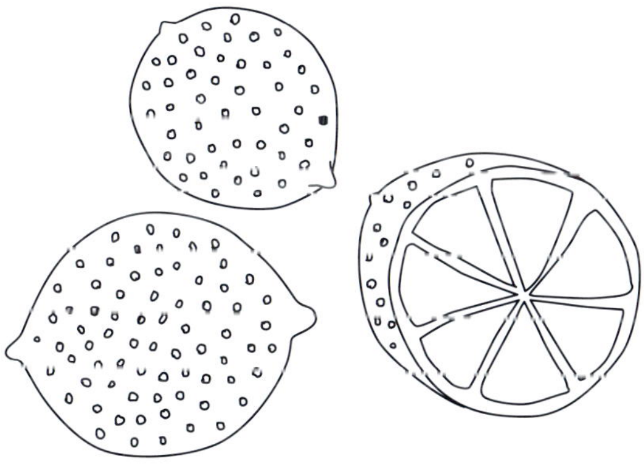

Schichttorte

Schicht für Schicht ein Genuss

Für 1 Springform

- 200 g Nutella (oder andere Nuss-Nougat-Creme)
- 200 g Zwieback (wenn glutenfrei, dann z. B. von Schär)
- 600 g Frischkäse
- 3 TL Milch
- 120 g Puderzucker
- 100 g gehobelte Mandeln
- 500 g Sahne
- 2 Packungen Sahnesteif
- 1 Packung Vanillezucker
- 1 Glas Kirschen
- 1 Packung roter Tortenguss

Zubereitungszeit: 35 Minuten

Nutella in einem Topf erwärmen. Den Zwieback zerbröseln, mit dem flüssigen Nutella vermischen und auf den Boden einer mit Backpapier ausgelegten Springform drücken. Anschließend auskühlen lassen.

Frischkäse, Milch und Puderzucker glatt rühren und auf den Tortenboden streichen. Die gehobelten Mandeln darüberstreuen. Die Sahne mit Sahnesteif mischen und schlagen, den Vanillezucker unterrühren und die Sahne auf den Mandeln verteilen.

Die Kirschen gut abtropfen lassen, den Kirschsaft auffangen. Die Kirschen auf die Sahne legen. Den Tortenguss nach Packungsanweisung mit dem Kirschsaft herstellen und auf die Kirschen gießen.

Variante:

Statt gehobelter Mandeln können auch gemahlene Haselnüsse verwendet werden. Und wer keinen schokoladigen Boden wünscht, kann 150 g Löffelbiskuit (wenn glutenfrei, dann z. B. von Schär) zermahlen und mit 125 g geschmolzener Butter mischen.

Kokostorte

Wer Kokos mag, wird diese süße Torte lieben

Für 1 Springform

- 70 g Butter
- 70 g Zucker
- 3 Eier
- 35 g Kakaopulver
- 70 g gemahlene Mandeln
- 70 g Kokosflocken
- 2 TL Backpulver
- 75 g Aprikosenmarmelade
- 1 Dose Aprikosen
- 600 g Sahne
- 3 Packungen Sahnesteif
- 18 Stücke Kokoskonfekt (Schoko-Kokosmakronen)
- 50 g Kokosraspel

Zubereitungszeit: 35 Minuten

Backzeit: 30 Minuten

Den Backofen auf 180 Grad vorheizen. Butter, Zucker und die Eier verrühren. Das Kakaopulver, die Mandeln, die Kokosflocken und das Backpulver unterrühren. Anschließend den Teig in eine mit Backpapier ausgelegte Springform streichen und 30 Minuten backen.

Die Aprikosenmarmelade erwärmen und auf dem erkalteten Tortenboden verstreichen. Die Aprikosen abtropfen lassen, in Spalten schneiden und darauflegen.

Die Sahne mit Sahnesteif mischen und schlagen. 6 Stück Kokoskonfekt beiseitelegen, restliches Kokoskonfekt zerkleinern und unter die Sahne heben. Die Kokos-Sahne auf den Aprikosen verteilen. Die Torte mit den Kokosraspeln und Kokoskonfekt dekorieren.

Schokoladige Himbeersahnetorte

Schokolade und Himbeeren – lecker

Für 1 Springform

- 250 g Butterkekse (wenn glutenfrei, dann z. B. von Schär)
- 125 g Butter
- 500 g Sahne
- 200 g Zartbitterschokolade
- 1 Packung Sahnesteif
- 8 TL Himbeermarmelade
- 400 g Himbeeren

Zubereitungszeit: 40 Minuten

Die Butterkekse in einen Gefrierbeutel geben und mit einem Nudelholz zerbröseln. Die Butter schmelzen lassen und mit den Keksstreuseln vermengen. Diese Masse auf den Boden einer gut gefetteten Springform drücken.

250 g Sahne erwärmen. Die Schokolade in Stücke brechen, zur Sahne geben und darin auflösen. Etwas abkühlen lassen, dann die Masse auf dem Tortenboden verteilen und erkalten lassen.

250 g Sahne mit Sahnesteif mischen und schlagen. 4 TL Marmelade unterrühren und auf der Schokoladensahne verteilen. Anschließend die Himbeeren waschen und damit belegen. Die restliche Himbeermarmelade erwärmen und auf den Himbeeren verteilen.

Variante:

Statt die Himbeeren mit Marmelade zu überziehen, kann auch roter Tortenguss verwendet werden.

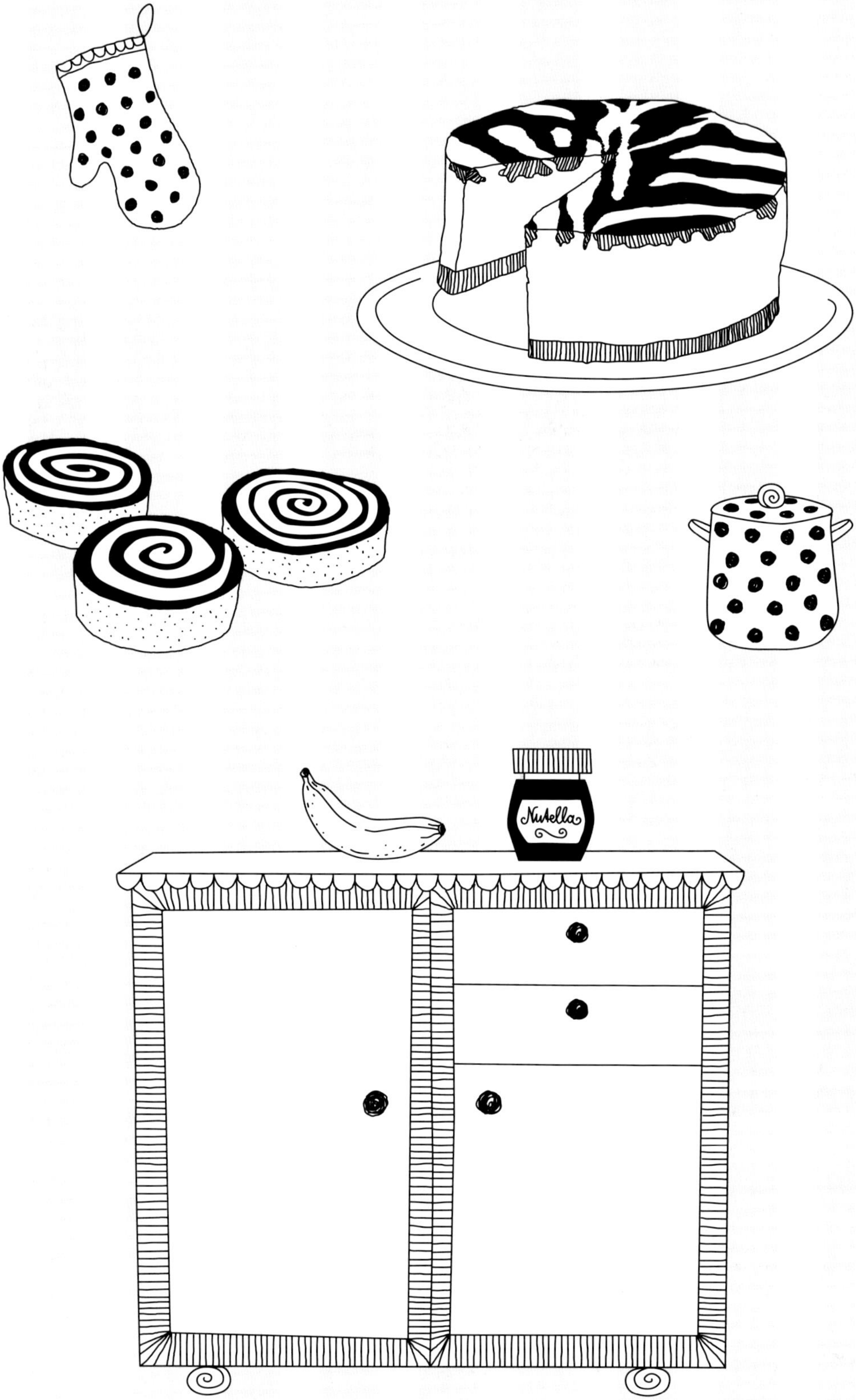
Nutella

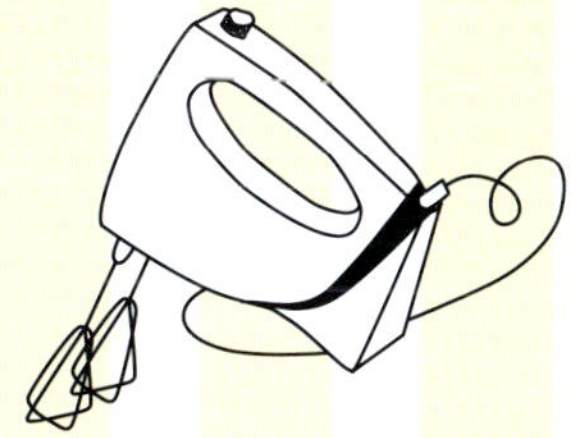

Köstliche Kuchen

Sie mögen Kuchen nicht immer nur klassisch-süß mit Sahne, sondern auch mal gesund-gemüsig mit Zitronenguss? Dann finden Sie hier garantiert Ihren Favoriten: klassisch-leckerer Käsekuchen, saftiger Brownie, locker-fluffiger Mandel-Zucchini-Kuchen oder niedlicher Glückskäfer-Kuchen und vieles mehr.

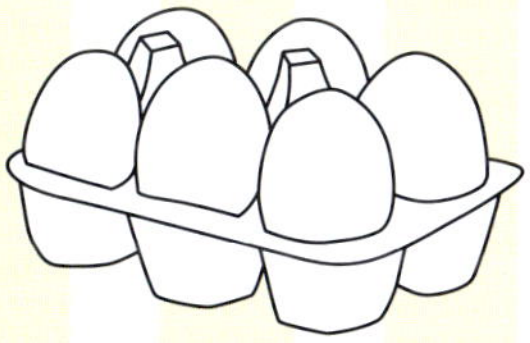

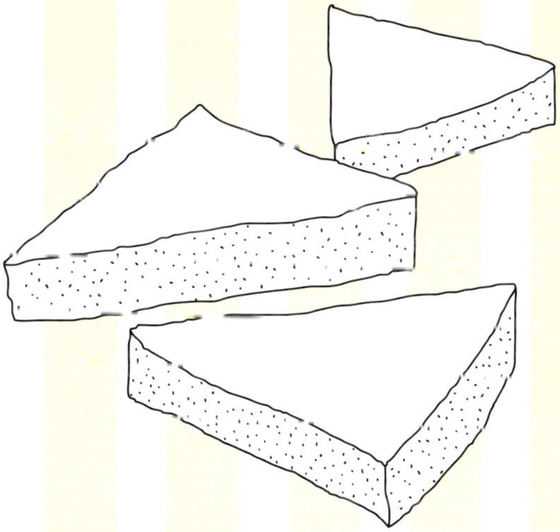

Pfirsich-Cremeschnitten

Lockerer Boden, fruchtiger Belag

Für 1 Blech

- 5 Eier
- 150 g Zucker
- 200 ml Öl
- 5 Packungen Vanillepudding pulver (zum Kochen)
- 2 TL Backpulver
- 2 Dosen Tortenpfirsiche
- 600 g Sahne
- 3 Packungen Sahnesteif
- 200 g Schmand
- 3 Blatt Gelatine
- 2 Packungen Tortenguss
- 500 ml Multivitaminsaft

Zubereitungszeit: 30 Minuten

Backzeit: 20 Minuten

Kühlzeit: 5 Stunden (am besten über Nacht)

Den Backofen auf 180 Grad vorheizen. Eier, Zucker und Öl verrühren. Anschließend das Vanillepuddingpulver und das Backpulver dazugeben. Den Teig auf ein mit Backpapier ausgelegtes Blech geben, glatt streichen, 20 Minuten backen und auskühlen lassen.

Den Kuchenboden mit Tortenpfirsichen belegen. Die Sahne mit Sahnesteif mischen und schlagen, dann den Schmand unterrühren.

Blattgelatine in kaltem Wasser einweichen. Anschließend die Gelatine gut ausdrücken und in einem Topf erwärmen. Flüssige Gelatine zur Sahne-Schmand-Creme geben, dann auf die Pfirsiche streichen und im Kühlschrank fest werden lassen. Den Tortenguss mit dem Multivitaminsaft herstellen und auf dem Kuchen verteilen.

Variante: Spiegelei-Kuchen

Aus 2 Packungen Vanillepuddingpulver nach Packungsanweisung einen Pudding zubereiten und 200 g Schmand unterrühren. Wenn der Kuchenboden ca. 12 Minuten im Backofen war, die Creme darauf verteilen und weitere ca. 8 Minuten backen. Den Kuchen abkühlen lassen, mit Aprikosenhälften (aus der Dose) belegen, dann 2 Packungen klaren Tortenguss mit aufgefangenem Aprikosensaft herstellen und darübergießen, anschließend fest werden lassen.

Käsekuchen

Klassisch oder fruchtig mit Erdbeeren – so muss ein Käsekuchen schmecken

Für 1 Springform

- 250 g Butterkekse mit Schokoladenseite (wenn glutenfrei, dann z. B. Biscotti con cioccolato von Schär)
- 125 g Butter
- 4 Eier
- 400 g Frischkäse
- 200 g Mascarpone
- 150 g Zucker
- 1 Packung Vanillezucker
- 15 g Speisestärke
- Saft von 1 Zitrone

Zubereitungszeit: 30 Minuten

Backzeit: 50 Minuten

Den Backofen auf 180 Grad vorheizen. Die Butterkekse in einen Gefrierbeutel geben und mit dem Nudelholz zerbröseln. Die Butter schmelzen und mit den Keksstreuseln vermengen. Diese Masse auf den Boden einer gut gefetteten Springform drücken.

Die Eier verquirlen. Dann Frischkäse, Mascarpone, Zucker, Vanillezucker, Speisestärke und den Zitronensaft dazurühren.

Die Masse auf dem Keksboden verteilen und 50 Minuten backen, anschließend auskühlen lassen.

Variante: Erdbeer-Käsekuchen

400 g Erdbeeren in Scheiben schneiden und auf den ausgekühlten Kuchen legen, 1 Packung roten Tortenguss nach Packungsanweisung herstellen und über die Erdbeeren gießen.

TIPP

Wer keine schokoladigen Butterkekse hat, kann auch normale Butterkekse nehmen und mit Zartbitterstreuseln mischen.

Mandelkuchen

Ein köstlicher Klassiker – ganz ohne Butter

Für 1 Springform

- 6 Eier
- 250 g Puderzucker
- 1 Packung Vanillezucker
- ¼ TL Zimtpulver
- 300 g gemahlene Mandeln
- 2 TL Backpulver
- 200 g Schokoladenkuvertüre

Zubereitungszeit: 20 Minuten

Backzeit: 50 Minuten

Den Backofen auf 180 Grad vorheizen. Die Eier trennen, Eiweiß steif schlagen. Die Eigelbe mit dem Puderzucker, dem Vanillezucker und dem Zimt verrühren.

Die Mandeln und das Backpulver dazugeben, dann den Eischnee unterheben. Den Teig in eine mit Backpapier ausgelegte Springform füllen und den Kuchen 50 Minuten backen, anschließend auskühlen lassen.

Die Schokoladenkuvertüre schmelzen und den Kuchen damit überziehen.

Variante: Marzipan-Mandelkuchen

Statt mit Schokoladenkuvertüre den Kuchen mit Marzipan überziehen oder alternativ auch nur mit Puderzucker bestäuben.

Variante: Für Erwachsene

Etwas Rum in den Teig geben.

Kokos-Schnitten

Super fürs Picknick, zum direkt aus der Hand essen

Für 1 Kastenform

- 4 Eier
- 150 g Zucker
- 120 ml Öl
- 4 Packungen Vanillepudding-pulver (zum Kochen)
- ½ Packung Backpulver
- 70 g Kokosraspel
- 100 g Puderzucker
- 2 EL Zitronensaft

Zubereitungszeit: 15 Minuten

Backzeit: 45 Minuten

Den Backofen auf 180 Grad vorheizen. Die Eier verrühren, dann nacheinander Zucker, Öl, das Pudding- und dann das Backpulver dazurühren. Den Teig in eine gefettete, mit etwa 50 g Kokosraspeln ausgestreute Kastenform füllen und 45 Minuten backen. Anschließend auskühlen lassen.

Puderzucker und Zitronensaft verrühren, je nach Festigkeit des Gusses evtl. noch einige Tropfen Wasser hinzufügen. Den Kuchen damit bestreichen und mit den restlichen Kokosraspeln bestreuen.

Variante: Schoko-Schnitten

Die Kokosraspel weglassen, statt Vanillepudding-pulver Schokoladenpudding verwenden und als Guss den Kuchen mit Schokoladenkuvertüre überziehen.

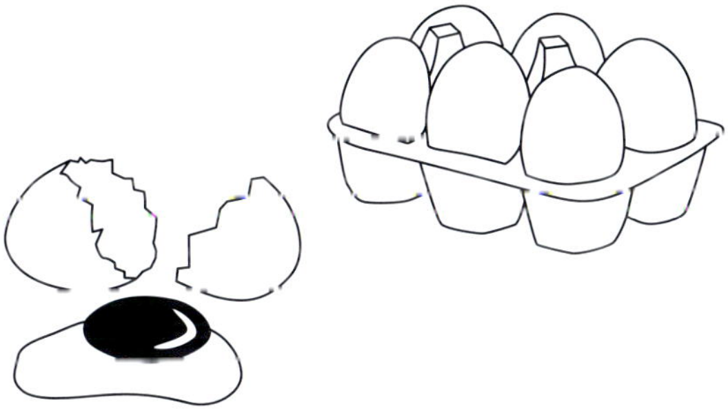

Bratapfelkuchen

Da zieht ein herrlicher Duft durch das Haus

Für 1 Springform

250 g Butterkekse (wenn glutenfrei, dann z. B. von Schär)
125 g Butter
8 Äpfel
Zimtpulver
1 Packung Vanillepuddingpulver (zum Kochen)
750 g Sahne
100 g Zucker

Zubereitungszeit: 35 Minuten
Backzeit: 60 Minuten
Kühlzeit: 12 Stunden

- Die Butterkekse in einen Gefrierbeutel geben und mit dem Nudelholz zerbröseln. Die Butter schmelzen, mit den Keksstreuseln vermengen und die Masse auf den Boden einer mit Backpapier ausgelegten Springform drücken.
- Den Backofen auf 180 Grad vorheizen. Die Äpfel schälen, entkernen, halbieren und mit einem Messer oder einer Gabel etwas einritzen und auf dem Tortenboden verteilen. Etwas Zimt über die Äpfel streuen.
- Vanillepuddingpulver mit einigen Esslöffeln Sahne anrühren. Restliche Sahne in einen Topf geben, Zucker zugeben, zum Kochen bringen und das Vanillepuddingpulver einrühren. Die Puddingcreme auf den Äpfeln verteilen und die Torte 60 Minuten backen. Anschließend etwa 12 Stunden in den Kühlschrank stellen.

Variante:
Wer mag, gibt Rosinen und Mandelsplitter zu den Äpfeln.

Nuss-Kirsch-Kuchen

Fruchtiger Kuchen mit lockerem Boden

Für 1 Blech

- 250 g Zucker
- 6 Eier
- 400 g gemahlene Haselnüsse
- 3 TL Backpulver
- 200 g Schokoladenraspel (Zartbitter)
- 3 Gläser Kirschen
- 3 Packungen roter Tortenguss

Zubereitungszeit: 30 Minuten

Backzeit: 25 Minuten

Den Backofen auf 180 Grad vorheizen. Zucker und Eier schaumig rühren. Die Haselnüsse, das Backpulver und die Schokoladenraspel dazurühren. Die Teigmasse auf ein mit Backpapier ausgelegtes Backblech geben, glatt streichen und 25 Minuten im Backofen backen. Anschließend abkühlen lassen.

Die Kirschen abtropfen, dabei den Kirschsaft auffangen. Den Tortenboden mit den Kirschen belegen. Den Tortenguss nach Packungsanweisung mit Kirschsaft aufkochen und über den Kirschen verteilen.

Variante: Preiselbeer-Kirsch-Kuchen

Statt 3 Gläsern Kirschen 2 Gläser Kirschen und 2 Gläser Preiselbeeren als Belag verwenden.

Variante: Sahne-Nuss-Kirschkuchen

Den Blechkuchen mit 600 g Schlagsahne bestreichen und mit Schokoladenstreuseln dekorieren.

Variante: Klassische Kirsch-Sahne-Torte

Aus der Springform die Zutaten für den Boden halbieren, für den Belag 2 Gläser Kirschen und 2 Packungen Tortenguss verwenden. 400 g Schlagsahne auf dem Tortenguss verteilen und mit 50 g Schokoladenstreuseln bestreuen.

Brownies

Für kleine und große Schokoladenliebhaber

Für ca. 30 Stück

- 200 g Zartbitterschokolade
- 200 g Butter
- 4 Eier
- 100 g Puderzucker
- 1 Packung Vanillezucker
- 100 g Schokoladenstreusel
- 1 Packung Schokoladenpuddingpulver (zum Kochen)
- 2 TL Backpulver

Zubereitungszeit: 15 Minuten

Backzeit: 25 Minuten

Den Backofen auf 180 Grad vorheizen. Die Zartbitterschokolade in kleine Stücke brechen und zusammen mit der Butter schmelzen. Anschließend ein wenig abkühlen lassen.

Eier, Puderzucker und Vanillezucker schaumig rühren, dann die geschmolzene Schokoladenmasse dazugeben. Die Schokostreusel, das Puddingpulver und das Backpulver unterheben. Den Teig in eine mit Backpapier ausgelegte rechteckige Backform (ca. 35 × 25 cm) streichen und 25 Minuten backen.

Die Brownies abkühlen lassen und in etwa 4 × 6 cm große Rechtecke schneiden.

Variante:

Der Teig kann auch als Schokoladenkuchen in einer Springform gebacken werden.

Pfirsich-Käsekuchen
ohne Boden

Mit Aprikosenglasur

Für 1 Springform

- Saft von ½ Zitrone
- 80 g Butter
- 3 Eier
- 750 g Quark
- 100 g Zucker
- 2 Packungen Vanillepuddingpulver
- 2 TL Backpulver
- 1 Dose Tortenpfirsiche
- 150 g Aprikosenmarmelade

Zubereitungszeit: 15 Minuten

Backzeit: 65 Minuten

Den Backofen auf 180 Grad vorheizen. Zitronensaft, Butter, Eier, Quark und Zucker verrühren. Das Puddingpulver und das Backpulver dazugeben, unterrühren und den Teig in eine mit Backpapier ausgelegte Springform füllen.

Die Pfirsiche in Spalten schneiden und auf den Teig legen. Den Kuchen 65 Minuten backen und auskühlen lassen.

Die Marmelade erwärmen und den abgekühlten Kuchen damit bestreichen.

Variante: Pfirsich-Kokos-Kuchen mit Streuseln

20 g Kokosraspel in den Teig geben und für die Streusel 200 g Kokosraspel mit 1 Ei und 100 g Zucker verkneten und nach der Hälfte der Backzeit auf den Pfirsichen verteilen und weiterbacken.

Variante: Mandarinen-Käsekuchen

Die Hälfte des Teigs in die Springform geben, 1 Dose abgetropfte Mandarinen darauf verteilen, den restlichen Teig daraufgeben und wie beschrieben weiterbacken.

Quark-Schmand-Kuchen

Auch toll als Zebrakuchen

Für 1 Springform

- 4 Eier
- 200 g Zucker
- 175 g Butter
- 500 g Quark
- 200 g Schmand
- 1 Packung Vanillezucker
- 1 Packung Vanillepudding-pulver (zum Kochen)
- 3 EL Kakaopulver
- 60 g Schokoladenstreusel

Zubereitungszeit: 30 Minuten

Backzeit: 60 Minuten

Den Backofen auf 180 Grad vorheizen. Die Eier trennen, Eiweiß steif schlagen. Die Eigelbe mit dem Zucker verrühren, anschließend die Butter dazugeben. Quark und Schmand unterrühren, dann den Vanillezucker und das Puddingpulver. Zum Schluss den Eischnee unterheben.

Den Teig halbieren, eine Hälfte mit Kakaopulver dunkel färben und die Schokoladenstreusel unterrühren. Vom Kakaoteig eine Hälfte in eine mit Backpapier ausgelegte Springform füllen.

Den hellen Teig auf den Kakaoteig in die Springform geben. Den restlichen dunklen Teig auf dem hellen Teig verteilen. Den Kuchen 60 Minuten backen und anschließend auskühlen lassen.

Variante: Zebrakuchen

Vom hellen Teig 3 EL in die Mitte der Springform geben, dann 3 EL vom dunklen Teig darauf verteilen. Die Teige abwechselnd löffelweise aufeinander geben, bis sie verbraucht sind. Ergibt ein tolles Zebramuster.

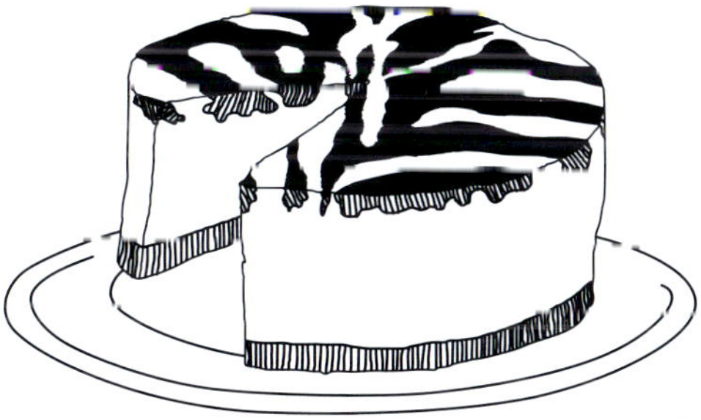

Polenta-Cheesecake
mit Maracuja

Auch in einem Kuchen schmeckt Polenta köstlich

Für 1 Springform

- 4 Eier
- 200 g Zucker
- 450 ml Mango-Maracuja-Saft
- 500 g Mascarpone
- 400 g Schmand
- 500 g Quark
- 160 g Polenta (Maisgrieß)
- Butter für die Form
- 1 Packung klarer Tortenguss

Zubereitungszeit: 30 Minuten

Backzeit: 65 Minuten

Den Backofen auf 180 Grad vorheizen. Die Eier trennen, Eiweiß steif schlagen. Die Eigelbe mit dem Zucker schaumig rühren. 200 ml Mango-Maracuja-Saft, Mascarpone, Schmand und Quark dazurühren. 125 g Polenta unterrühren, die restliche Polenta beiseitestellen. Zuletzt den Eischnee unterheben.

Eine Springform einfetten, mit der restlichen Polenta ausstreuen und die Masse darauf gießen. Den Kuchen 65 Minuten backen und anschließend auskühlen lassen.

Den Tortenguss mit 250 ml Mango-Maracuja-Saft nach Packungsanweisung herstellen und über den erkalteten Kuchen gießen.

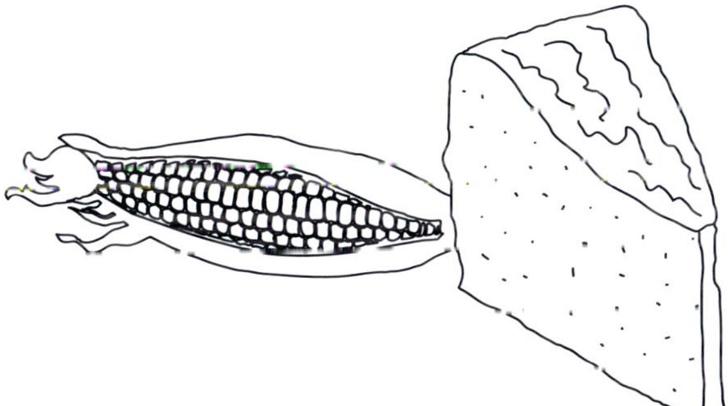

Quark-Obst-Kuchen

Fruchtig-leichter Kuchen, der nach Sommer schmeckt

Für 1 Springform

- 4 Eier
- Saft von ½ Zitrone
- 750 g Quark
- 1 Packung Vanillepuddingpulver (zum Kochen)
- 20 g Speisestärke
- 130 g Puderzucker
- 500 g Erdbeeren
- 4 Kiwis
- 2 Packungen Tortenguss

Zubereitungszeit: 20 Minuten

Backzeit: 60 Minuten

Den Backofen auf 160 Grad vorheizen. Die Eier trennen, Eiweiß steif schlagen. Den Zitronensaft mit den Eigelben, Quark, Vanillepuddingpulver und Speisestärke verrühren. Den Puderzucker unterrühren, anschließend den Eischnee unterheben. Den Teig in eine mit Backpapier ausgelegte Springform füllen, 60 Minuten backen und anschließend abkühlen lassen.

Die Erdbeeren waschen und vierteln, die Kiwis schälen und in Scheiben schneiden. Die Torte mit dem Obst belegen. Den Tortenguss nach Packungsanweisung zubereiten und auf dem Obst verteilen.

Schokoladenkuchen

Schmeckt einen Tag später fast noch besser

Für 1 Königskuchenform

- 4 Eier
- 120 g Zucker
- 200 g Butter
- 200 g Schokoladenstreusel (Zartbitter)
- 200 g gemahlene Mandeln
- 2 TL Backpulver

Zubereitungszeit: 15 Minuten

Backzeit: 60 Minuten

Den Backofen auf 170 Grad vorheizen. Eier, Zucker und Butter cremig rühren. Die Schokoladenstreusel, die Mandeln und das Backpulver unterrühren. Den Teig in eine gut eingefettete Königskuchenform füllen und 60 Minuten backen.

Variante:

Der Kuchen kann auch in einer Springform gebacken und vor dem Servieren mit Puderzucker bestreut werden.

Variante: Schatzkiste – lässt kleine Piratenaugen strahlen

Den Schokoladenkuchen mit 200 g Schokoladenkuvertüre überziehen und mit Zuckerperlen dekorieren. Anschließend die oberste Schicht des Kuchens (als Deckel der Schatzkiste) abschneiden. Den Kuchen (die Schatzkiste) mit den Schätzen (z. B. Zuckerketten, Schokoladentalern) belegen und den abgeschnittenen Kuchendeckel leicht versetzt auf die Schätze legen.

Rüblikuchen

Die Möhren machen den Kuchen saftig

Für 1 Springform

- 4 Eier
- Saft von 1 Zitrone
- 200 g Zucker
- 300 g Möhren
- 100 g gemahlene Mandeln
- 150 g gemahlene Haselnüsse
- 30 g Speisestärke
- 1 TL Backpulver
- 200 g Puderzucker
- 12 Marzipanmöhrchen nach Geschmack (Tipp: selber herstellen siehe Variante Ostertorte)

Zubereitungszeit: 30 Minuten

Backzeit: 45 Minuten

Den Backofen auf 180 Grad vorheizen. Die Eier trennen, Eiweiß steif schlagen. Die Hälfte des Zitronensafts mit den Eigelben und dem Zucker cremig rühren. Die Möhren schälen, fein raspeln und unterrühren. Mandeln, Haselnüsse, Speisestärke und Backpulver dazugeben. Anschließend den Eischnee unterheben, den Teig in eine mit Backpapier ausgelegte Springform füllen und 45 Minuten backen.

Den Puderzucker mit einigen Esslöffeln Zitronensaft verrühren und die abgekühlte Torte mit dem Guss bestreichen. Nach Geschmack mit Marzipanmöhrchen belegen (siehe Variante).

Variante: Ostertorte

200 g Schokoladenkuvertüre schmelzen und den Kuchen damit überziehen (statt Puderzuckerguss). 150 g Marzipan mit 50 g Puderzucker verkneten, die Hälfte des Marzipans ausrollen und mit einem Plätzchenausstecher mit Hasenmotive ausstechen. Die andere Hälfte des Marzipans mit Lebensmittelfarbe orange färben (Orange kann auch mit Rot und Gelb selbst gemischt werden), daraus Möhrchen formen und jeweils mit einer durchgeschnittenen Pistazie (als Möhrengrün) verzieren.

Orangen-Polenta-Schnitten

Schön fruchtig

Für 1 Blech

- 250 g Butter
- 120 g Zucker
- 1 Packung Vanillezucker
- Saft von 1 Zitrone
- 1 Packung abgeriebene Zitronenschale
- 4 Eier
- 200 g gemahlene Mandeln
- 180 g Polenta (Maisgrieß)
- 2 TL Backpulver
- 2 Orangen
- 150 g Orangenmarmelade

Zubereitungszeit: 30 Minuten

Backzeit: 30 Minuten

Den Backofen auf 180 Grad vorheizen. Die Butter mit dem Zucker und dem Vanillezucker cremig rühren. Zitronensaft, 3 TL Wasser und den Zitrusabrieb zur Buttermasse geben. Die Eier unterrühren. Mandeln, Polenta und Backpulver dazugeben und untermischen. Den Teig auf ein mit Backpapier ausgelegtes Backblech streichen und 30 Minuten backen.

Die Orangen auspressen. Nach dem Backen mit einem Holzstäbchen Löcher in den warmen Kuchen stechen und den Orangensaft gleichmäßig über dem Kuchen verteilen. Die Orangenmarmelade in einem Topf erwärmen, auf den Kuchen streichen und erkalten lassen.

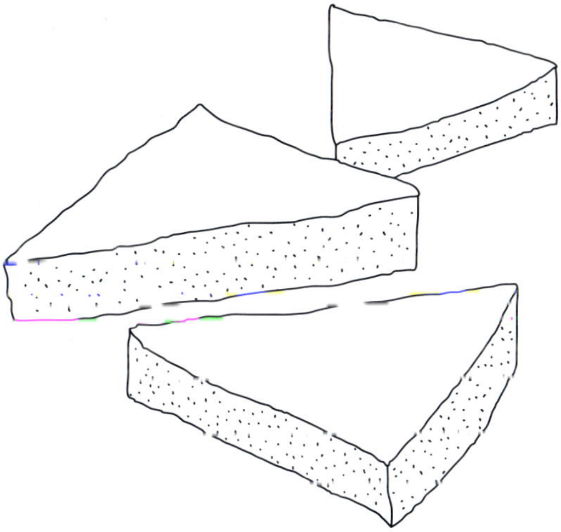

Mandel-Zucchini-Kuchen

Zucchini macht den Kuchen schön locker

Für 1 Springform

- 200 g Zucchini
- 4 Eier
- 150 g Zucker
- 200 g gemahlene Mandeln
- 2 TL Backpulver
- 1 TL Zimtpulver

Zubereitungszeit: 20 Minuten

Backzeit: 45 Minuten

Den Backofen auf 180 Grad vorheizen. Die Zucchini schälen und raspeln. Die Eier trennen, Eiweiß steif schlagen. Die Eigelbe mit dem Zucker verrühren, anschließend die Mandeln, das Backpulver, den Zimt und die Zucchiniraspel dazugeben. Zum Schluss den Eischnee unterheben.

Den Teig in eine mit Backpapier ausgelegte Springform füllen und 45 Minuten backen.

Kartoffel-Marzipan-Kuchen

Ein herrlich saftiges Gebäck

Für 1 Springform

- 100 g Marzipan
- 80 g Zucker
- 300 g gekochte, gepellte Kartoffeln
- 4 Eier
- 1 Zitrone
- 50 g Speisestärke
- 2 TL Backpulver
- 100 g Puderzucker

Zubereitungszeit: 25 Minuten

Backzeit: 45 Minuten

Den Backofen auf 175 Grad vorheizen. Marzipan und Zucker gut miteinander verkneten. Die Kartoffeln durch eine Kartoffelpresse drücken und hinzugeben. Die Eier trennen, Eiweiß steif schlagen. Eigelbe zur Kartoffel-Marzipan-Masse geben und alles verrühren.

Die Zitrone auspressen, 1 EL Zitronensaft beiseitestellen, den restlichen Zitronensaft zum Teig geben. Die Speisestärke und das Backpulver hinzufügen, dann den Eischnee unterheben. Den Teig in eine gefettete Springform füllen und 45 Minuten backen.

Den Puderzucker mit dem restlichen Zitronensaft und ggf. ein paar Tropfen Wasser anrühren und den Puderzuckerguss auf den erkalteten Kuchen streichen.

TIPP

Den Kuchen mit einem Dessertring portionsweise ausstechen.

Bananen-Nutella-Kuchen

Dank Bananen besonders saftig

Für 1 Springform

- 3 Eier
- 100 g Zucker
- 100 g Butter
- 2 Bananen
- 150 g Nutella (oder andere Nuss-Nougat-Creme)
- 200 g gemahlene Haselnüsse
- 50 g Speisestärke
- 1 Packung Backpulver
- Puderzucker zum Bestäuben

Zubereitungszeit: 20 Minuten

Backzeit: 40 Minuten

Den Backofen auf 180 Grad vorheizen. Die Eier trennen, Eiweiß steif schlagen. Die Eigelbe mit dem Zucker und der Butter cremig rühren. Die Bananen zerdrücken und zusammen mit dem Nutella unterrühren. Haselnüsse, Speisestärke und Backpulver zugeben und vermischen.

Den Eischnee unterheben und den Teig in eine mit Backpapier ausgelegte Springform füllen. Den Kuchen 40 Minuten backen, erkalten lassen und mit Puderzucker bestäuben.

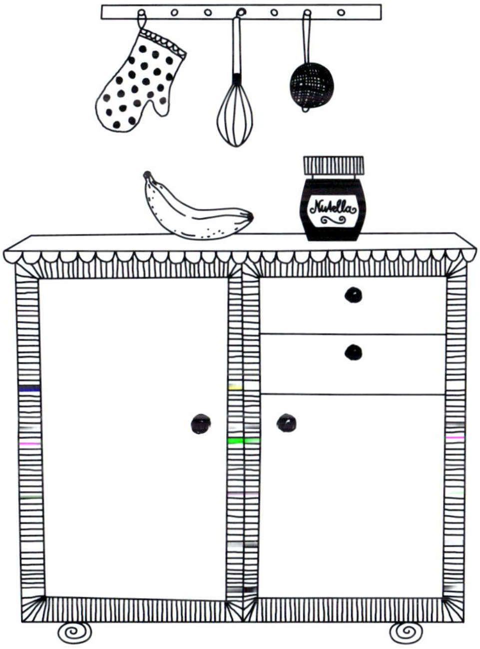

Glückskäfer

Ein süßer Blickfang auf jeder Kaffeetafel

Für 1 Springform

8 Eier

300 g Zucker

400 g gemahlene Haselnüsse

2 TL Backpulver

Für die Dekoration:

200 g Marzipan

rote Lebensmittelfarbe

200 g Schokoladenkuvertüre

weiße Zuckerschrift

6 Schokoladenstäbchen

Zubereitungszeit: 30 Minuten

Backzeit: 60 Minuten

Den Backofen auf 180 Grad vorheizen. Die Eier trennen, Eiweiß steif schlagen. Die Eigelbe mit dem Zucker cremig rühren. Haselnüsse und Backpulver unterrühren, dann den Eischnee unterheben. Den Teig in eine mit Backpapier ausgelegte Springform füllen, 60 Minuten backen und anschließend auskühlen lassen.

Das Marzipan mit roter Lebensmittelfarbe färben, ausrollen und den Kuchen damit überziehen. Die Schokoladenkuvertüre schmelzen. Den Tortendeckel mit der flüssigen Schokoladenkuvertüre in drei Teile unterteilen: halbrunden Kopf mit Schokolade einstreichen, den Rest durch einen Schokoladenstrich als Flügel halbieren und einige Punkte auf die Flügel malen. Die Schokolade trocknen lassen.

Mit weißer Zuckerschrift ein Gesicht auf den Schokoladenkopf malen. Die Schokoladenstäbchen als Beine an jeder Seite der Torte stecken.

Variante:

Statt mit roter Lebensmittelfarbe eingefärbtes Marzipan kann auch roter Fondant verwendet werden.

Apfel-Mohn-Kuchen

Am besten am Vortag zubereiten

Für 1 Springform

- 4 Eier
- 100 g Butter
- 100 g Zucker
- 1 Packung Vanillezucker
- 2 Äpfel
- Saft von 1 Zitrone
- 50 g Rosinen
- 100 g Mohn
- 2 TL Backpulver
- 4 EL Puderzucker zum Bestäuben

Zubereitungszeit: 20 Minuten

Backzeit: 45 Minuten

Den Backofen auf 180 Grad vorheizen. Die Eier trennen, Eiweiß steif schlagen. Die Eigelbe mit der Butter, dem Zucker und dem Vanillezucker cremig rühren. Die Äpfel schälen und raspeln und mit Zitronensaft beträufeln.

Äpfel, Rosinen, Mohn und das Backpulver unter die Butter-Ei-Masse rühren. Abschließend den Eischnee unterheben, den Teig in eine mit Backpapier ausgelegte Springform füllen und 45 Minuten backen.

Den Kuchen am besten über Nacht ziehen lassen und vor dem Servieren mit Puderzucker bestäuben.

Mandel-Biskuitrolle

Toll für Gäste

Für 1 Rolle

- 3 Eier
- 2 EL Zitronensaft
- 100 g Zucker
- 100 g geriebene Mandeln
- 200 g Erdbeermarmelade
- 100 g Mascarpone
- 150 g Quark
- 1 Packung Vanillezucker
- 200 g Erdbeeren

Zubereitungszeit: 35 Minuten
Backzeit: 10 Minuten
Kühlzeit: 2 Stunden

Den Backofen auf 200 Grad vorheizen. Die Eier trennen, Eiweiß steif schlagen. Zitronensaft, Eigelbe und 80 g Zucker schaumig rühren. Die Mandeln dazugeben, anschließend den Eischnee unterheben. Den Teig auf ein mit Backpapier ausgelegtes Backblech (ca. 24 × 35 cm) streichen und 10 Minuten backen.

Den Boden aus dem Ofen nehmen, ein feuchtes Küchenhandtuch über den Biskuitboden legen, den Boden darauf stürzen und das Backpapier abziehen. Das Tuch über dem Boden einschlagen ein paar Minuten abkühlen lassen.

Das Küchenhandtuch entfernen und die Marmelade auf den Teig streichen. Mascarpone, Quark, Vanillezucker und 20 g Zucker verrühren. Die Erdbeeren waschen, putzen, klein schneiden und unterrühren, anschließend die Creme auf den Teig streichen und aufrollen, die Enden sauber abschneiden. Die Mandel-Biskuitrolle etwa 2 Stunden in den Kühlschrank stellen.

Variante: Für Schokoladenliebhaber

150 g Schokoladenkuvertüre schmelzen und die Biskuitrolle damit überziehen.

TIPP

Statt Erdbeeren und Erdbeermarmelade können auch Himbeeren und Himbeermarmelade verwendet werden.

Mandel-Kürbis-Kuchen

Kürbis schmeckt auch in Kuchen toll

Für 1 Springform

300 g Kürbisfleisch
4 Eier
80 g Zucker
200 g gemahlene Mandeln
60 g Speisestärke
2 TL Backpulver
100 g Puderzucker
2 EL Zitronensaft

Zubereitungszeit: 20 Minuten
Backzeit: 45 Minuten

- Den Backofen auf 180 Grad vorheizen. Das Kürbisfleisch pürieren. Die Eier trennen, Eiweiß steif schlagen. Die Eigelbe mit dem Zucker verrühren, anschließend Mandeln, Speisestärke, Backpulver und Kürbispüree dazugeben. Dann den Eischnee unterheben.

- Den Teig in eine mit Backpapier ausgelegte Springform füllen, 45 Minuten backen und abkühlen lassen.

- Den Puderzucker mit dem Zitronensaft verrühren (je nach Festigkeit ggf. noch ein paar Tropfen Wasser dazugeben) und den Kuchen damit bestreichen.

TIPP

Aus dem Teig lassen sich auch prima Muffins backen.

Schwarzwälder Kirschkuchen vom Blech

Sahnig, fruchtig, schokoladig – lecker

Für 1 Blech

- 5 Eier
- 150 g Zucker
- 180 ml Öl
- 3 Packungen Schokoladenpuddingpulver (zum Kochen)
- 3 Packungen Vanillepuddingpulver (zum Kochen)
- 1 Packung Backpulver
- 5 cl Kirschwasser
- 2 Gläser Kirschen
- 600 g Sahne
- 3 Packungen Sahnesteif
- 100 g Schokoladenstreusel

Zubereitungszeit: 30 Minuten

Backzeit: 20 Minuten

Den Backofen auf 180 Grad vorheizen. Die Eier mit Zucker und Öl verrühren. Schokoladenpuddingpulver, 1 Packung Vanillepuddingpulver und das Backpulver dazugeben und vermischen. Den Teig in eine mit Backpapier ausgelegte Backform füllen und 20 Minuten backen. Anschließend den Boden mit 2 cl Kirschwasser bepinseln.

Die Kirschen abgießen, dabei den Kirschsaft auffangen. Etwa 20 Kirschen beiseitelegen. Etwas Kirschsaft mit den restlichen beiden Packungen Vanillepuddingpulver glatt rühren. Kirschen, restlichen Kirschsaft und Kirschwasser in einem Topf zum Kochen bringen, das Vanillepuddinggemisch dazurühren und ganz kurz aufkochen. Anschließend die Kirschen auf dem Kuchenboden verteilen und auskühlen lassen.

Sahne mit Sahnesteif mischen und schlagen. Etwas Sahne in einen Spritzbeutel geben, die restliche Sahne auf den Kirschen verteilen. Mit dem Spritzbeutel Sahnetuffs auf den Kuchen spritzen und jeweils mit einer der zurückgelegten Kirschen belegen. Den Kuchen mit den Schokoladenstreuseln verzieren.

Variante:

Wenn Kinder mitessen, das Kirschwasser weglassen, auch dann ist es ein herrlich leckerer Kuchen.

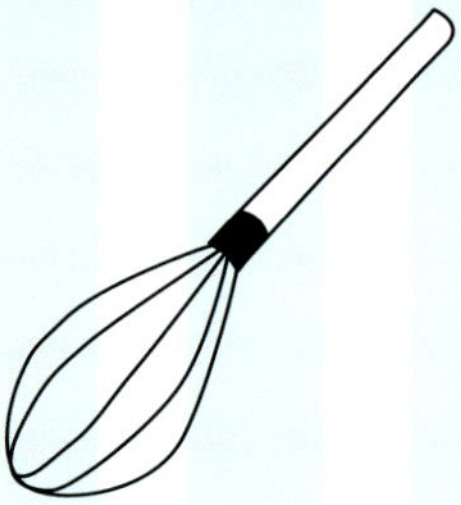

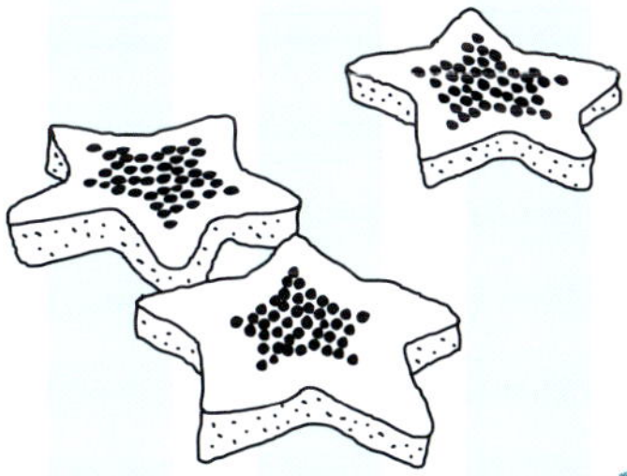

Die Minis

Machen Sie dem Konditor Konkurrenz:
Cake Pops, Muffins, Cookies, Mozartkugeln,
Mandelhörnchen schmecken unglaublich lecker,
passen auf jedes Fingerfood-Buffet und
auch in kleine Kinderhände ...

Cake Pops

Das Trendgebäck ist auch mehlfrei köstlich

Für 15 Stück

- 120 g Zucker
- 3 Eier
- 200 g gemahlene Haselnüsse
- 1 TL Backpulver
- 100 g Schokoladenraspel (Zartbitter)
- 70 g Frischkäse
- 150 g Puderzucker
- 125 g Schokoladenkuvertüre
- 15 Lutscherstiele
- Zuckerstreusel

Zubereitungszeit: 30 Minuten
Backzeit: 25 Minuten
Kühlzeit: 15 Minuten

Den Backofen auf 180 Grad vorheizen. Den Zucker und die Eier schaumig rühren. Haselnüsse, Backpulver und Schokoladenraspel dazurühren. Die Teigmasse in eine mit Backpapier ausgelegte Springform füllen und 25 Minuten backen.

Den Teig auskühlen lassen und mit den Händen zerbröseln. Frischkäse und Puderzucker mischen und unter die Teigbrösel kneten. Den Teig zu Kugeln formen und etwa 15 Minuten ins Gefrierfach legen.

Die Schokoladenkuvertüre schmelzen, die Lutscherstiele darin eintauchen und in die Cake Pops stecken. Dann die Cake Pops in die Schokoladenkuvertüre tunken, mit Zuckerstreuseln bestreuen und fest werden lassen.

Variante:

Statt die Teigbrösel mit Frischkäse und Puderzucker zu verkneten, können auch einige Löffel Himbeermarmelade verwendet werden.

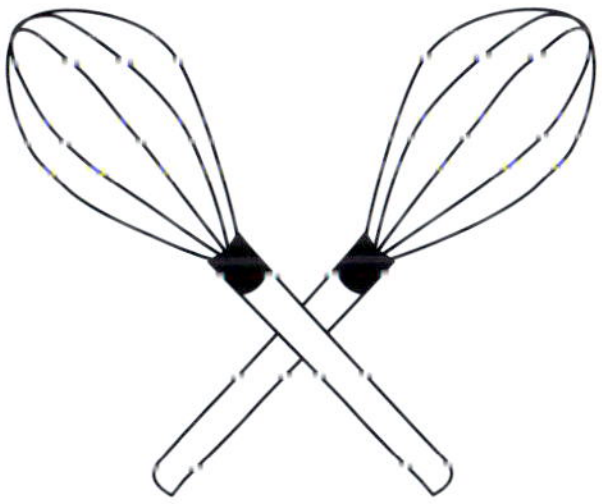

Quarkmuffins

Süße Minis, die schnell zubereitet sind

Für 12 Stück

- 100 g Butter
- 150 g Zucker
- 2 Eier
- 500 g Quark
- 20 g Polenta (Maisgrieß)
- 1 Packung Vanillepuddingpulver

Zubereitungszeit: 10 Minuten

Backzeit: 35 Minuten

Den Backofen auf 180 Grad vorheizen. Butter, Zucker und die Eier cremig rühren. Den Quark, die Polenta und das Vanillepuddingpulver dazugeben und verrühren.

Den Teig in Silikon-Muffinförmchen oder in ein eingefettetes Muffinblech füllen und 35 Minuten backen. Anschließend abkühlen lassen.

Himbeermuffins
mit Schokokeksboden

Cremig und fruchtig zugleich

Für 12 Stück

- 20 g Butter
- 130 g Oreo-Kekse (wenn glutenfrei, dann z. B. Chocolate O's von Schär)
- 350 g Frischkäse
- 100 g Zucker
- 1 Packung Vanillezucker
- 2 Eier
- 100 g Himbeeren
- 1 EL Puderzucker

Zubereitungszeit: 20 Minuten

Backzeit: 15 Minuten

Die Butter schmelzen. Die Kekse in einen Gefrierbeutel füllen und mit dem Nudelholz zerbröseln. Die Keksbrösel mit der Butter vermischen. Die Masse in Muffinförmchen (idealerweise in Silikon-Muffinförmchen oder in ein eingefettetes Muffinblech) verteilen und andrücken. Den Backofen auf 180 Grad vorheizen.

Frischkäse, Zucker und Vanillezucker vermischen. Anschließend die Eier dazurühren. Die Himbeeren waschen, verlesen und mit dem Puderzucker pürieren. Die Frischkäsecreme in die Muffinförmchen füllen, jeweils 1 TL Himbeerpürree daraufgeben und 15 Minuten backen.

Schokomuffins

Auch toll als Fußball-Muffins

Für 12 Stück

- 160 g Butter
- 60 g Zucker
- 4 Eier
- 100 g Speisestärke
- 2 TL Backpulver
- 200 g Schokoladenstreusel

Zubereitungszeit: 10 Minuten

Backzeit: 20 Minuten

Den Backofen auf 180 Grad vorheizen. Die Butter, den Zucker und die Eier verrühren. Die Speisestärke und das Backpulver dazugeben, anschließend die Schokoladenstreusel unterrühren.

Den Teig in Silikon-Muffinförmchen oder in ein eingefettetes Muffinblech füllen und 20 Minuten backen.

Variante: Für kleine Fußballer

30 g Puderzucker mit ein paar Tropfen Wasser und grüner Zuckerschrift verrühren, 50 g Kokosraspel dazugeben und als „Fußballrasen" auf den Muffins verteilen. Die Muffins mit Fußball-Dekoraufleger dekorieren.

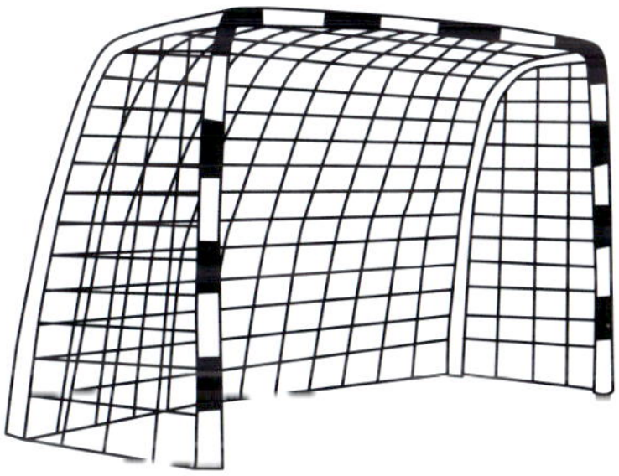

Kokos-Marzipan-Muffins

Kleine, aber feine Köstlichkeit

Für 10 Stück

- 4 Eier
- 90 g Zucker
- 150 g Butter
- 100 g Marzipan
- Saft von 1 Zitrone
- 150 g Kokosraspel
- 20 g Speisestärke
- 100 g Puderzucker

Zubereitungszeit: 15 Minuten

Backzeit: 20 Minuten

Den Backofen auf 180 Grad vorheizen. Die Eier mit dem Zucker und der Butter cremig rühren. Das Marzipan in kleine Stücke zupfen und mitrühren. Die Hälfte des Zitronensafts dazugeben. 130 g Kokosraspel und die Speisestärke unterrühren. Den Teig in Silikon-Muffinförmchen oder in ein eingefettetes Muffinblech füllen und 20 Minuten backen.

Puderzucker mit 2 EL Zitronensaft verrühren und die abgekühlten Muffins damit bestreichen. Die restlichen Kokosraspel darüberstreuen.

Mandelhörnchen

Schönes Nachmittagsgebäck

Für 12 Stück

2 Eier

400 g Marzipan

120 g Zucker

100 g gehobelte Mandeln

100 g Aprikosenmarmelade

200 g Schokoladenkuvertüre

Zubereitungszeit: 25 Minuten

Backzeit: 15 Minuten

Den Backofen auf 180 Grad vorheizen. Die Eier trennen. Marzipan, Zucker und Eiweiß verkneten. Die Mandeln in einen tiefen Teller geben. Den Teig zu Hörnchen formen, in den Mandeln wälzen und auf ein mit Backpapier ausgelegtes Backblech setzen. Die Mandelhörnchen 15 Minuten im Backofen backen.

Die Aprikosenmarmelade erwärmen und die warmen Mandelhörnchen damit bestreichen. Anschließend die Schokoladenkuvertüre schmelzen, die abgekühlten Mandelhörnchen mit den Enden in die Schokolade tauchen, auf Backpapier setzen und vollständig auskühlen lassen.

TIPP

Wenn der Teig klebrig ist, die Hände vor dem Formen leicht mit Wasser befeuchten. Wenn er sehr klebrig ist, können Sie den Teig auch in Folie wickeln und eine halbe Stunde in den Kühlschrank legen und erst dann formen.

Plätzchen

Zitronensterne

- Den Backofen auf 180 Grad vorheizen. Für ca. 20 Stück 2 Eier trennen, die Eigelbe mit 1 Packung Vanillezucker, 90 g Zucker und 2 EL Zitronensaft verrühren. 150 g gemahlene Mandeln dazugeben und alles gut verkneten.

- Den Teig zwischen zwei Backpapieren ausrollen, mit einer Plätzchenform Sterne ausstechen und auf ein mit Backpapier ausgelegtes Backblech setzen. Die Plätzchen etwa 10 bis 15 Minuten backen. 100 g Puderzucker mit 1 EL Zitronensaft verrühren, die abgekühlten Plätzchen damit bestreichen und mit Schokoladen- oder bunten Zuckerstreuseln verzieren.

Schokocookies

- Den Backofen auf 160 Grad vorheizen. Für ca. 15 Stück 2 Eier trennen, Eiweiß steif schlagen. 150 g Puderzucker sieben und zum Eischnee geben. Den Saft von ½ Zitrone hinzufügen und alles verrühren. Zum Schluss 1 TL Zimtpulver, 200 g gemahlene, 50 g gehobelte Mandeln und 50 g Schokoladenborke unterrühren.

- Mit einem Löffel Cookies vom Teig abstechen und auf ein mit Backpapier ausgelegtes Backblech setzen. Die Schokocookies etwa 20 Minuten backen.

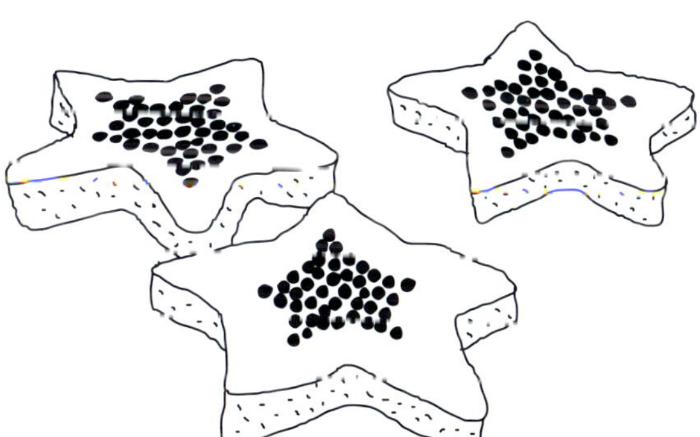

Konfekt

Kokoskugeln

- Für 25 Stück 70 g Puderzucker und 100 g Butter verrühren. 150 g weiße Schokoladenkuvertüre schmelzen und hinzufügen. 85 g Cornflakes (wenn glutenfrei, dann z. B. von Schär) grob zerbröseln, zusammen mit 70 g gehackten Mandeln und 50 g Kokosraspeln zum Schokoladengemisch geben.

- Aus der Masse Kugeln formen, in 50 g Koksraspeln wälzen und zum Aushärten am besten über Nacht kühl stellen.

Mozartkugeln

- Für 35 Stück 200 g Nuss-Nougat-Masse klein schneiden und zu Kugeln formen, dann in den Kühlschrank stellen und fest werden lassen.

- 25 g gehackte Pistazien mit 200 g Marzipan-Rohmasse verkneten, anschließend jede Nuss-Nougat-Kugel mit etwas Marzipan umhüllen und wieder in den Kühlschrank stellen.

- 300 g Vollmilchkuvertüre schmelzen, die Kugeln darin eintauchen, idealerweise auf einem Pralinengitter hin- und herrollen und anschließend trocknen lassen.

Aprikosen-Marzipan-Konfekt

- Für 30 Stück 150 g Marzipanrohmasse mit 10 g Puderzucker verkneten. 200 g getrocknete Aprikosen der Länge nach aufschneiden (aber nicht durchschneiden) und jeweils mit etwas Marzipan füllen.

- 250 g Vollmilchkuvertüre schmelzen, die Aprikosen darin eintauchen. Auf die noch feuchte Kuvertüre halbierte Walnüsse, halbe Mandeln oder gehackte Pistazien zur Dekoration legen. Anschließend trocknen lassen.

Knabbereien

Mandelsplitter

- Für ca. 40 Stück 25 g Kokosfett und 200 g weiße Schokolade in einem Topf zum Schmelzen bringen (am besten im Wasserbad) und verrühren. 200 g Mandelstifte unterrühren. Für ein intensiveres Aroma die Mandeln vorher in einer Pfanne ohne Fett leicht anrösten. Wer mag, kann auch ein paar Rosinen untermischen.

- Den Teig mit Hilfe von 2 Teelöffeln zu Häufchen formen und auf ein mit Backpapier ausgelegtes Backblech geben.

- Die Mandelsplitter 2 Stunden kalt stellen.

Schokocrossies

- Für ca. 40 Stück 25 g Kokosfett, 100 g Vollmilchschokolade und 100 g Zartbitterschokolade in einem Topf zum Schmelzen bringen und verrühren. 170 g Cornflakes (wenn glutenfrei, dann z. B. von Schär) unterrühren.

- Die Cornflakes-Schoko-Masse mit Hilfe von 2 Teelöffeln zu Häufchen formen und auf ein mit Backpapier ausgelegtes Backblech setzen.

- Zum Trocknen ein paar Stunden kalt stellen.

Amaretti

- Den Backofen auf 160 Grad vorheizen. Für ca. 60 Stück 4 Eiweiß steif schlagen. 1 TL Zitronensaft unter den Eischnee rühren und 50 g Zucker dazugeben. 1 Fläschchen Bittermandelöl und 200 g gemahlene Mandeln unterrühren.

- Den Teig zu Kugeln formen und auf ein mit Backpapier ausgelegtes Backblech setzen. Jedes Plätzchen jeweils mit einer Mandel belegen und 30 Minuten backen. Die abgekühlten Amaretti mit Puderzucker bestäuben.

SERVICE

Rezepte und mehr schnell finden

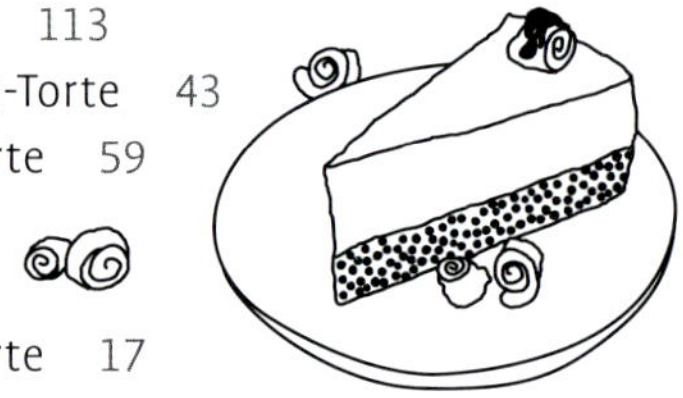

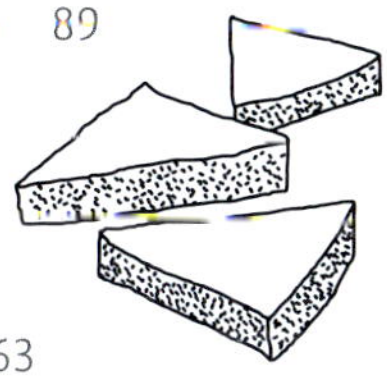

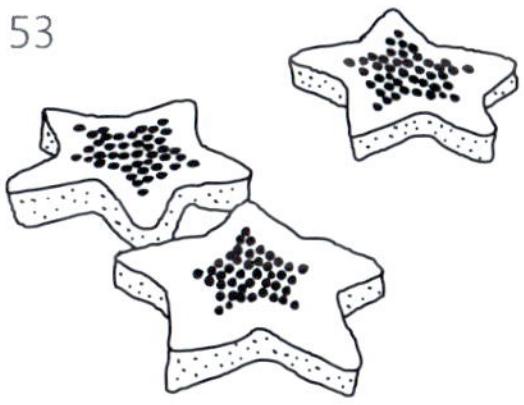

Bezugsquellen

www.schaer.com
www.ruf.eu
www.oetker.de
www.stollwerck.de
www.ulmer-schokolade.de
www.zentis.de
www.ostmann.de
www.ferrero.de
www.haribo.com

Die Autorin

Backen ohne Mehl – mit Rezeptzutaten, die im Supermarkt erworben werden können, wünschte sich Anja Donnermeyer nach der Diagnose Glutenunverträglichkeit zweier Familienmitglieder. Sie testete und probierte aus, experimentierte und wandelte ab, notierte und sammelte. Das Resultat ist ein innovatives Backbuch für alle Hobbybäcker, die Abwechslung an der Kuchentafel wünschen.

Dank der Fotografin

Die Fotografin Heike Schmidt-Röger bedankt sich ganz herzlich bei ihrer Freundin Simone Pulverich, die sie mit ihrem Talent, schöne Kuchen und Torten zu zaubern, so engagiert unterstützt hat. Das Besondere an dieser Fotoproduktion: Alles war echt! Es wurden weder Gips, Haarspray noch andere Fakes verwendet, um Kuchen und Co. besser aussehen zu lassen, und jede Leckerei wurde gegessen. Familie, Freunde und Nachbarn haben es sich schmecken lassen und wollen mehr.

Bildquellen

Alle Fotos und das Titelfoto stammen von Heike Schmidt-Röger.
Alle Illustrationen stammen von Antje Warnecke.

Bibliografische Information der Deutschen Nationalbibliothek
Die Deutsche Nationalbibliothek verzeichnet diese Publikation in der Deutschen Nationalbibliografie; detaillierte bibliografische Daten sind im Internet über http://dnb.d-nb.de abrufbar.

Wollgrasweg 41, 70599 Stuttgart (Hohenheim)
E-Mail: info@ulmer.de
Internet: www.ulmer-verlag.de

Lektorat: Anja Fleischhauer, Antje Munk
Herstellung: Thomas Eisele
Umschlagentwurf, Layout und Satz: Antje Warnecke, nordendesign.de
Reproduktion: timeRay Visualisierungen, Herrenberg
Druck und Bindung: Westermann Druck, Zwickau
Printed in Germany

ISBN 978-3-8001-0338-6